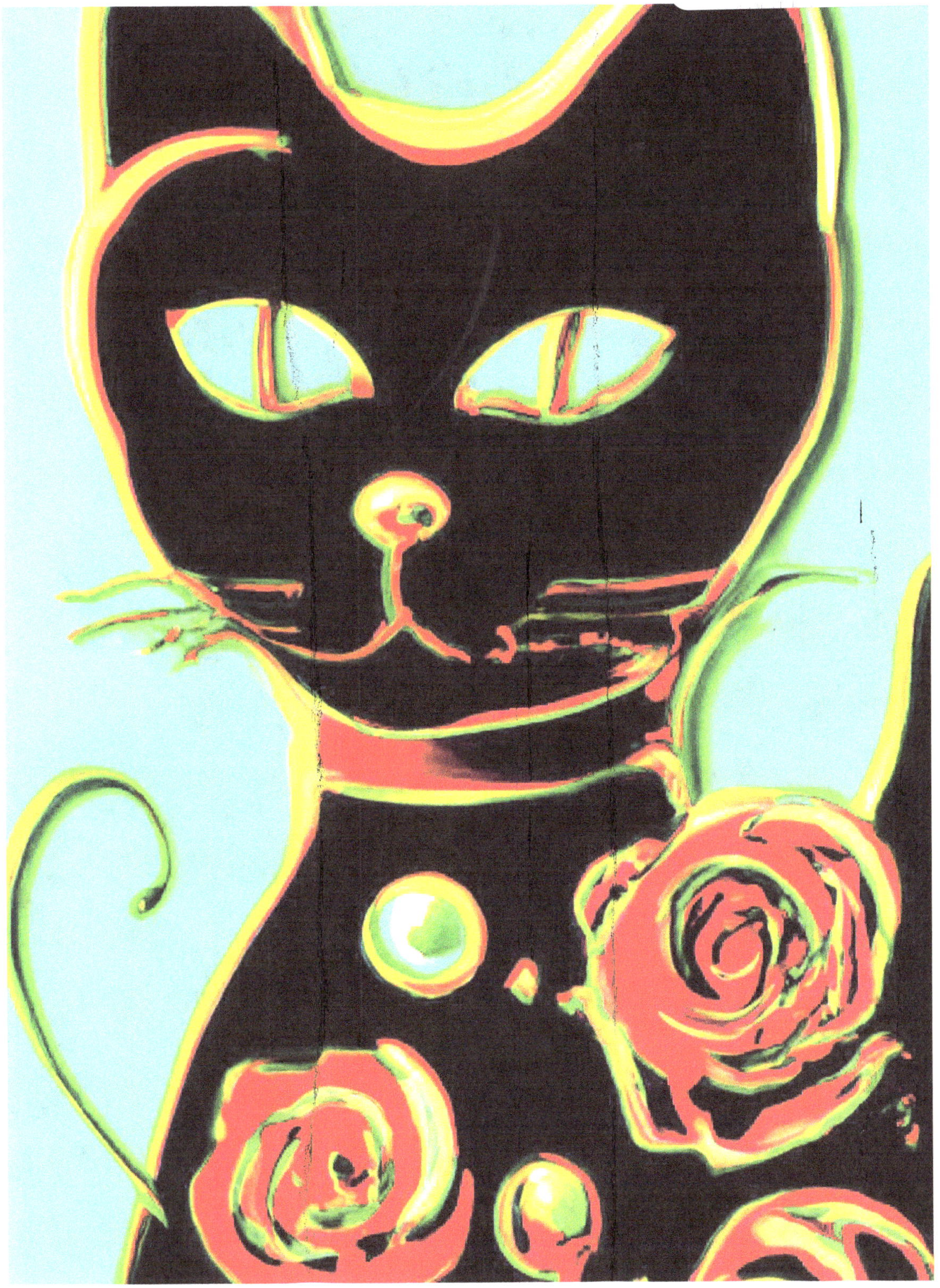

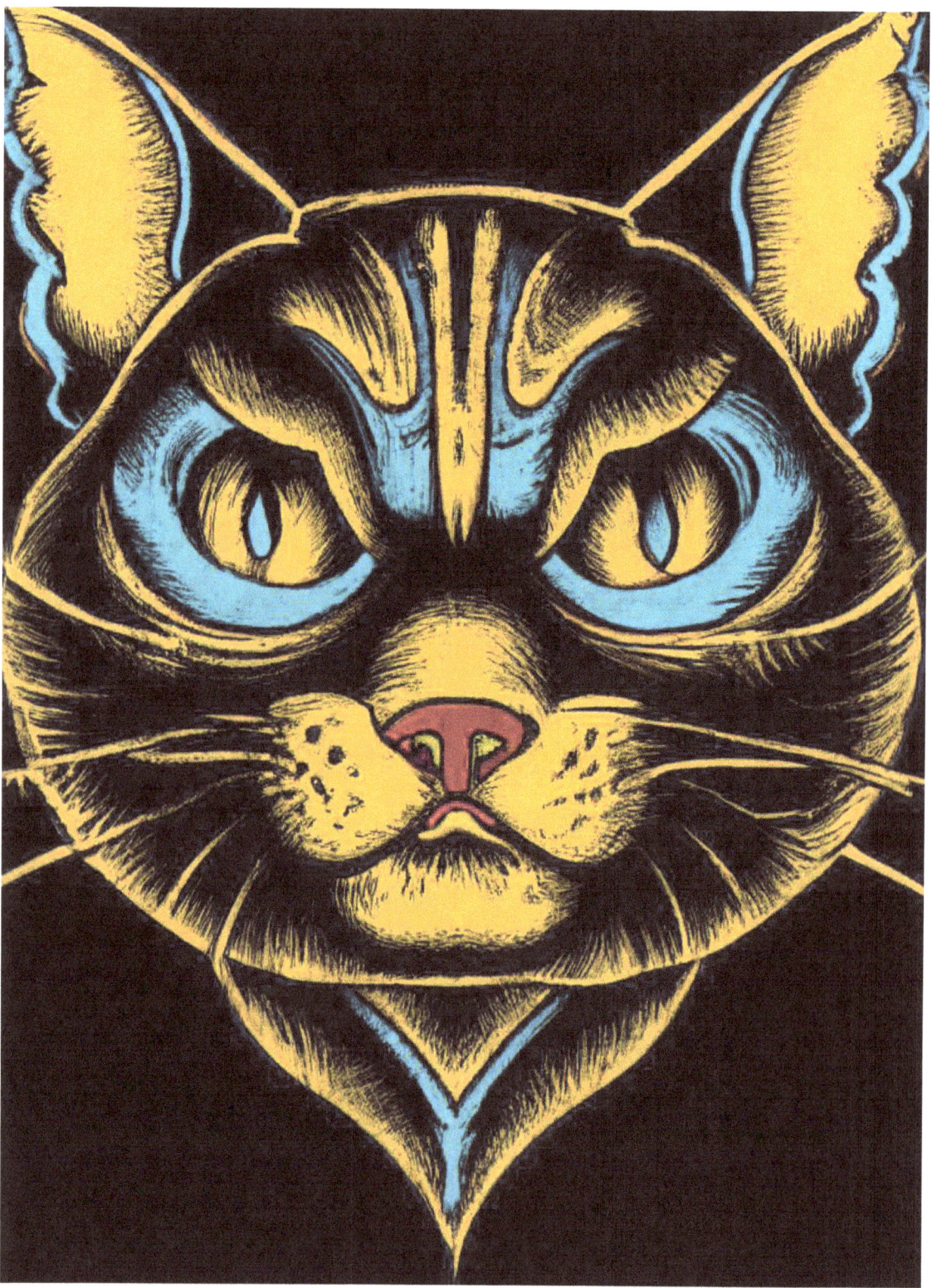

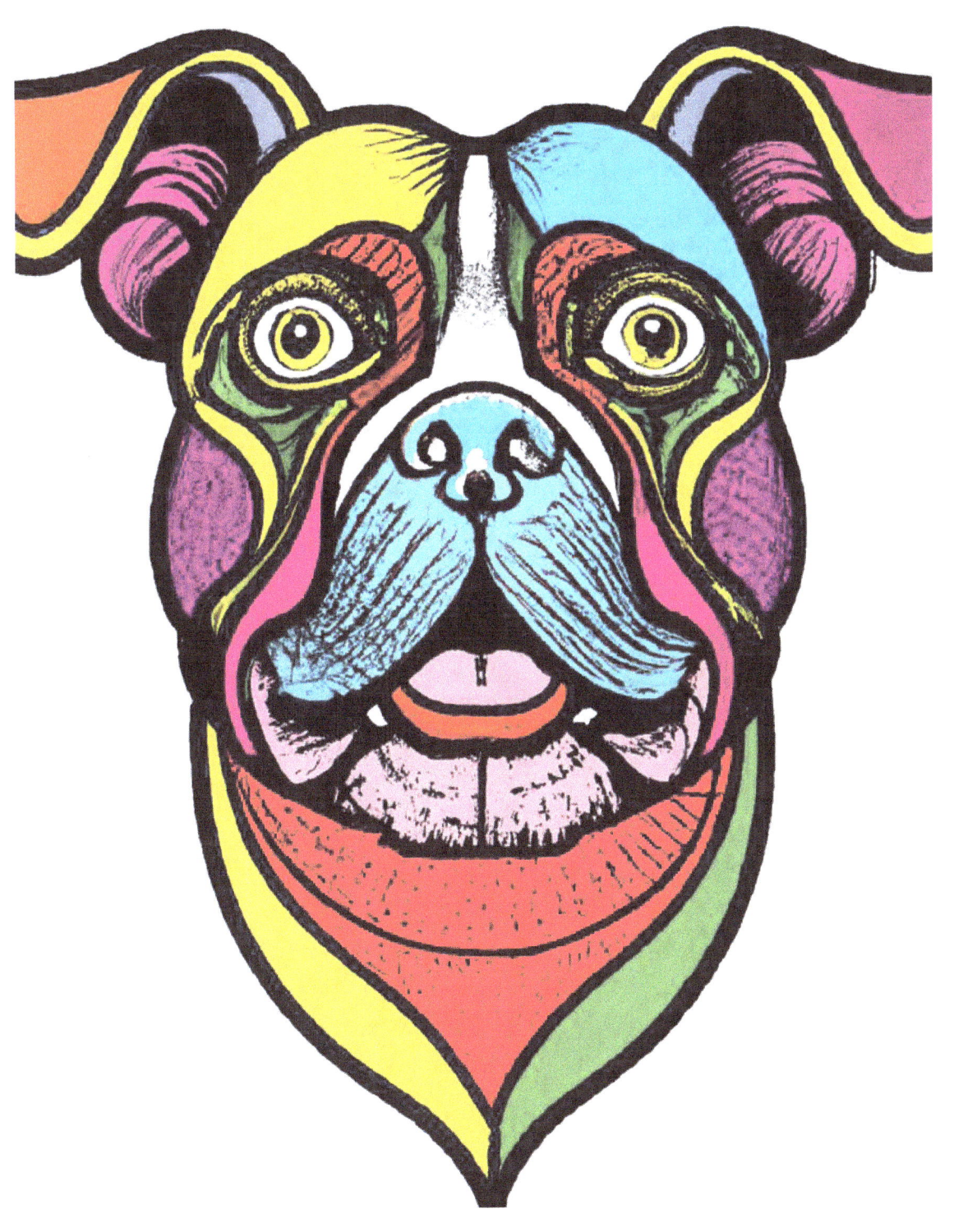

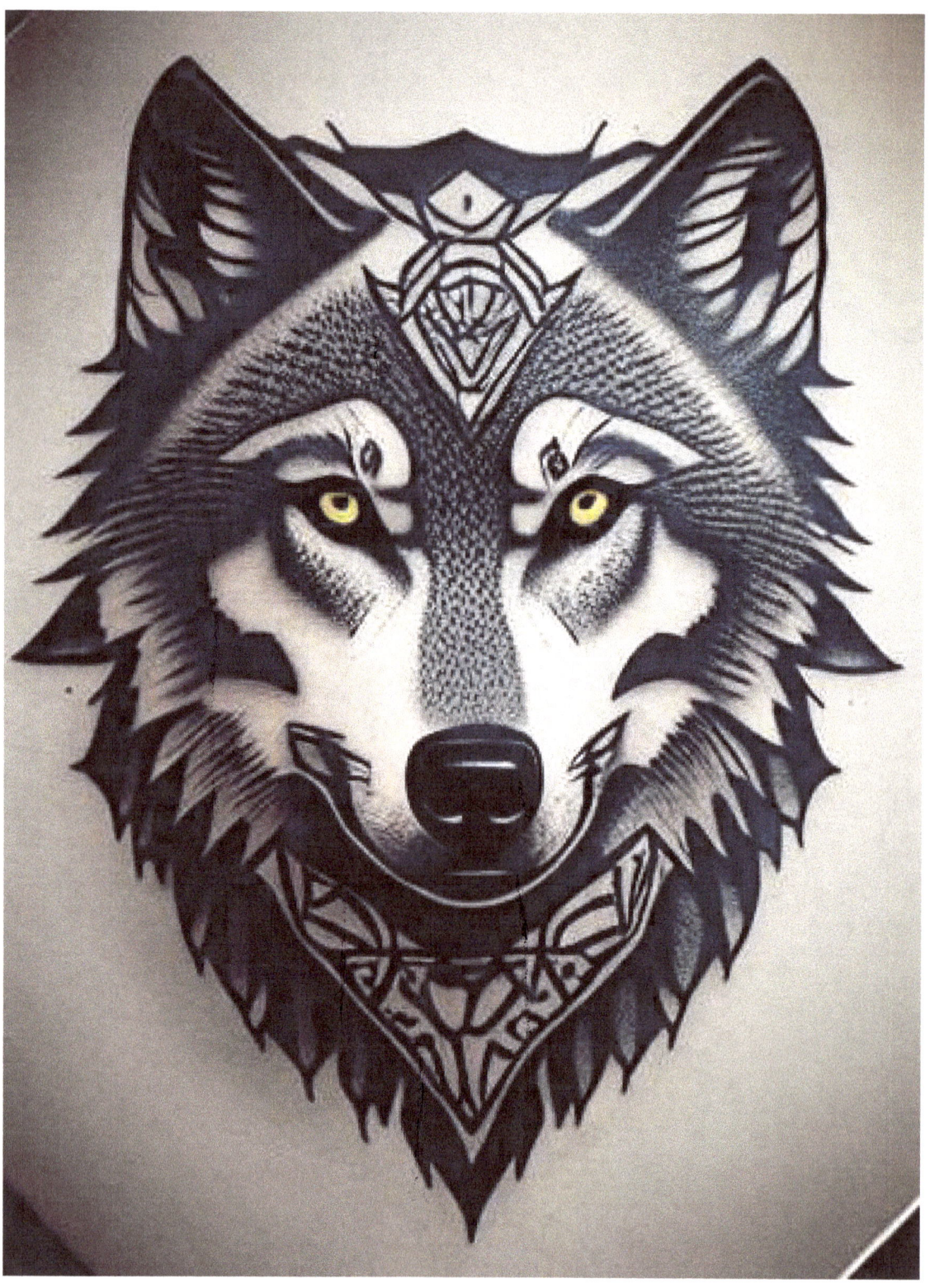

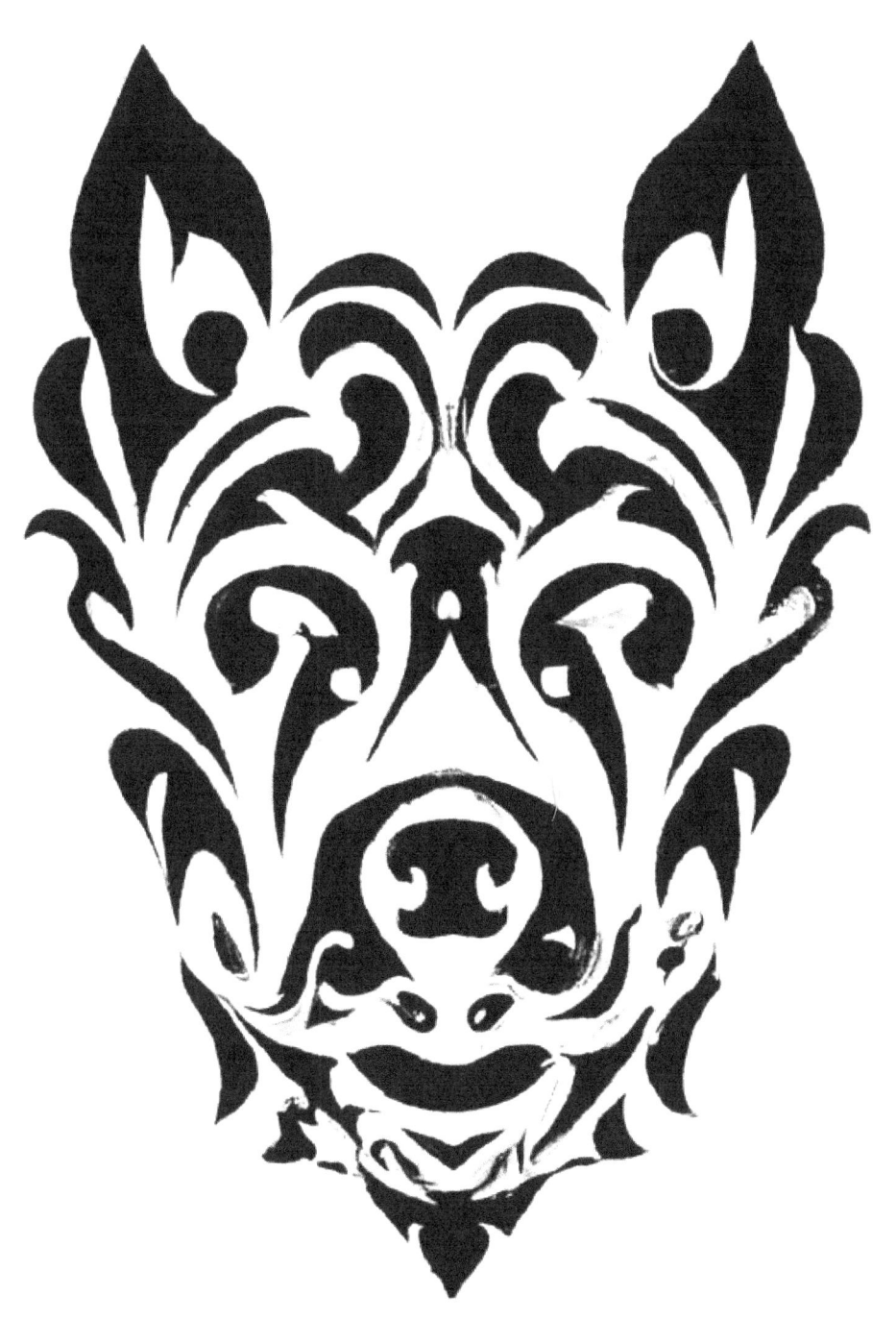

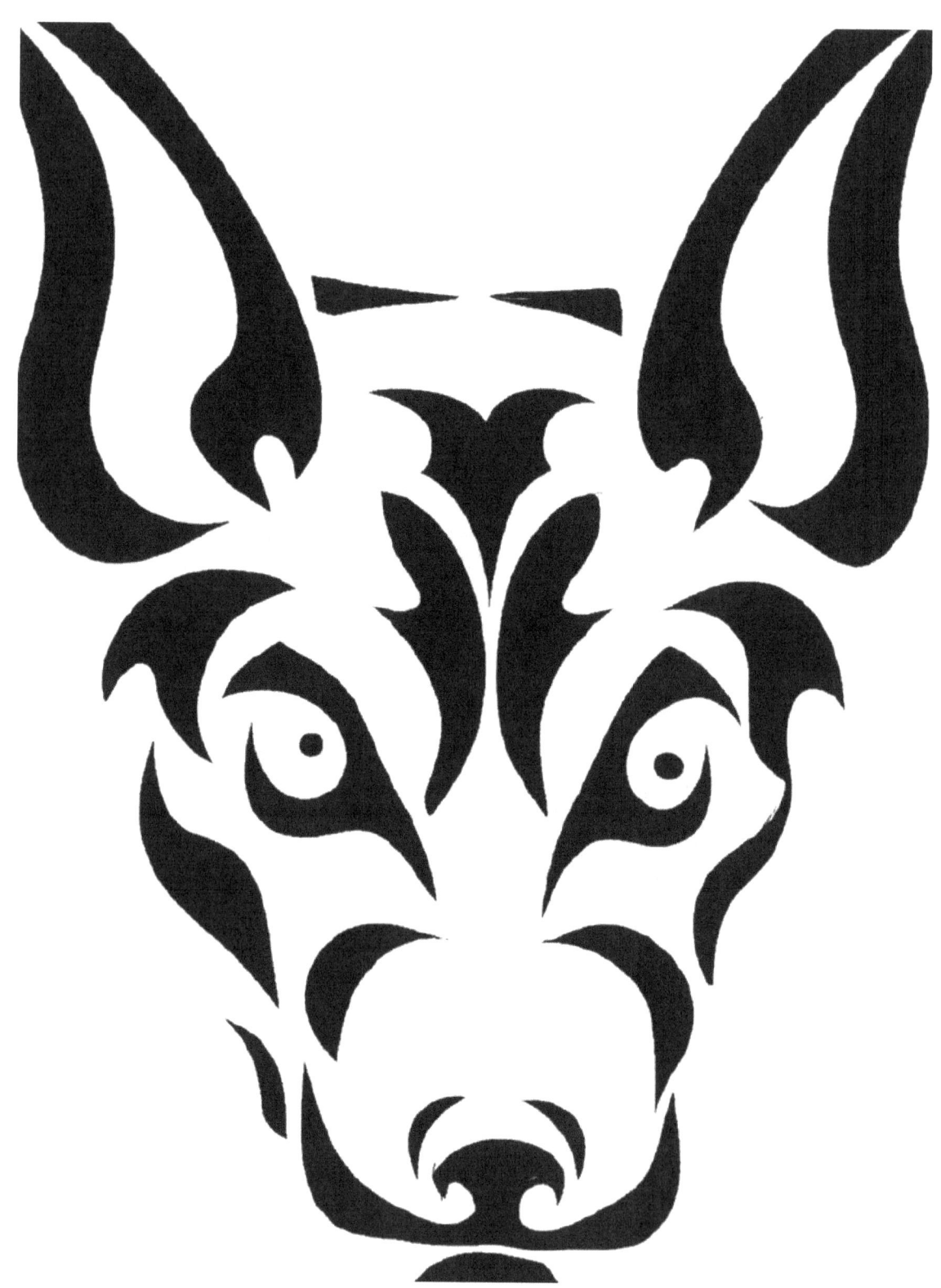

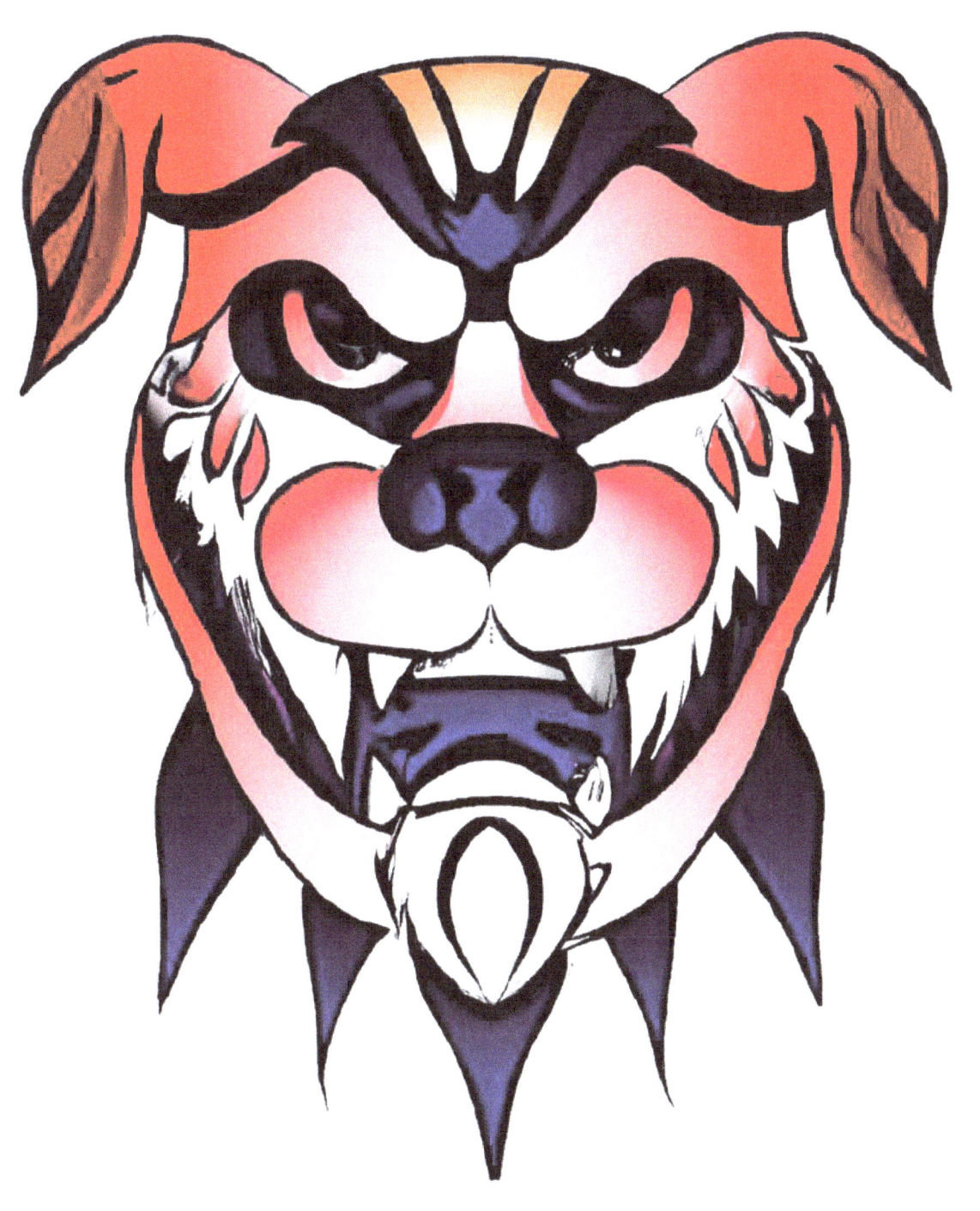

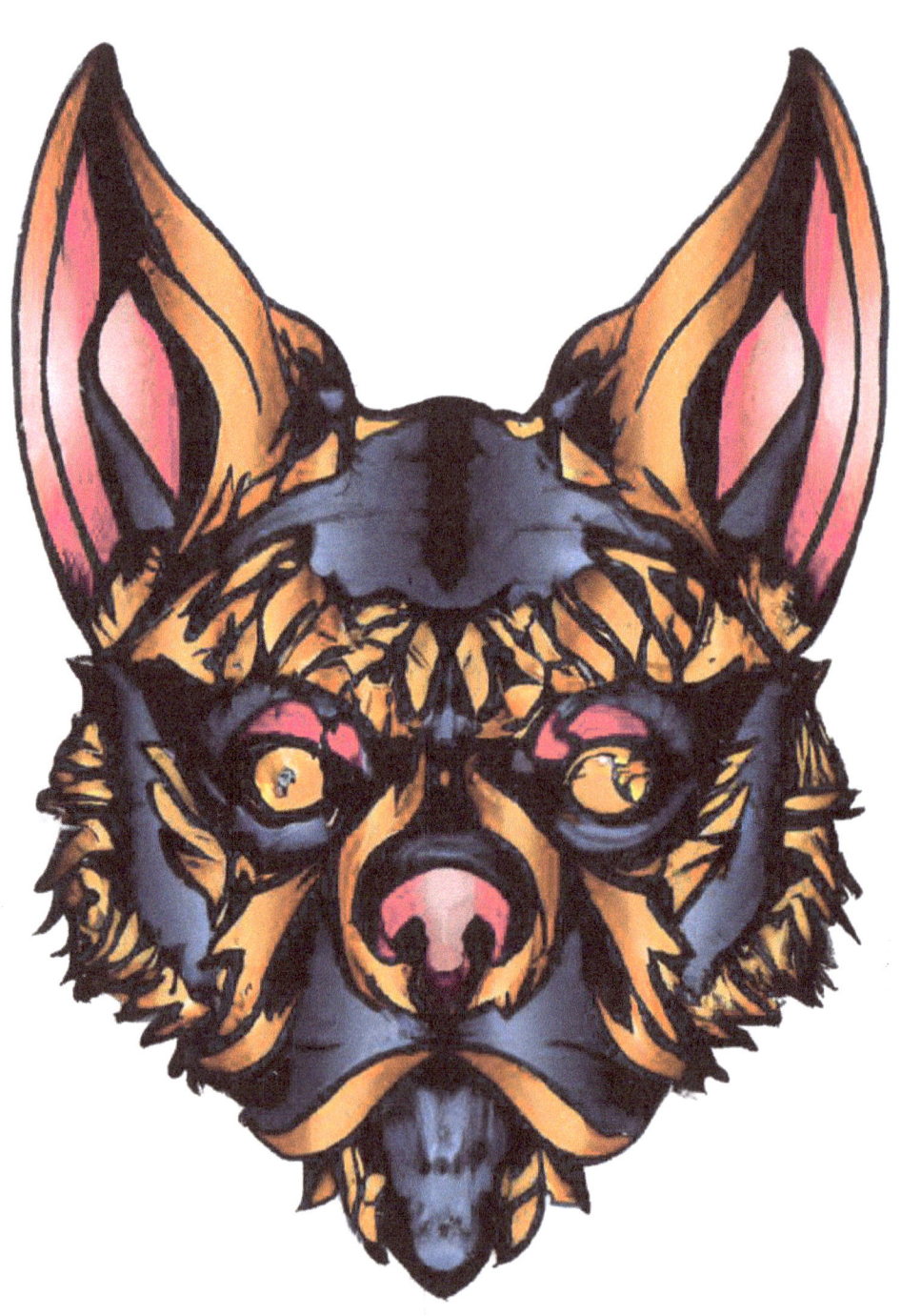

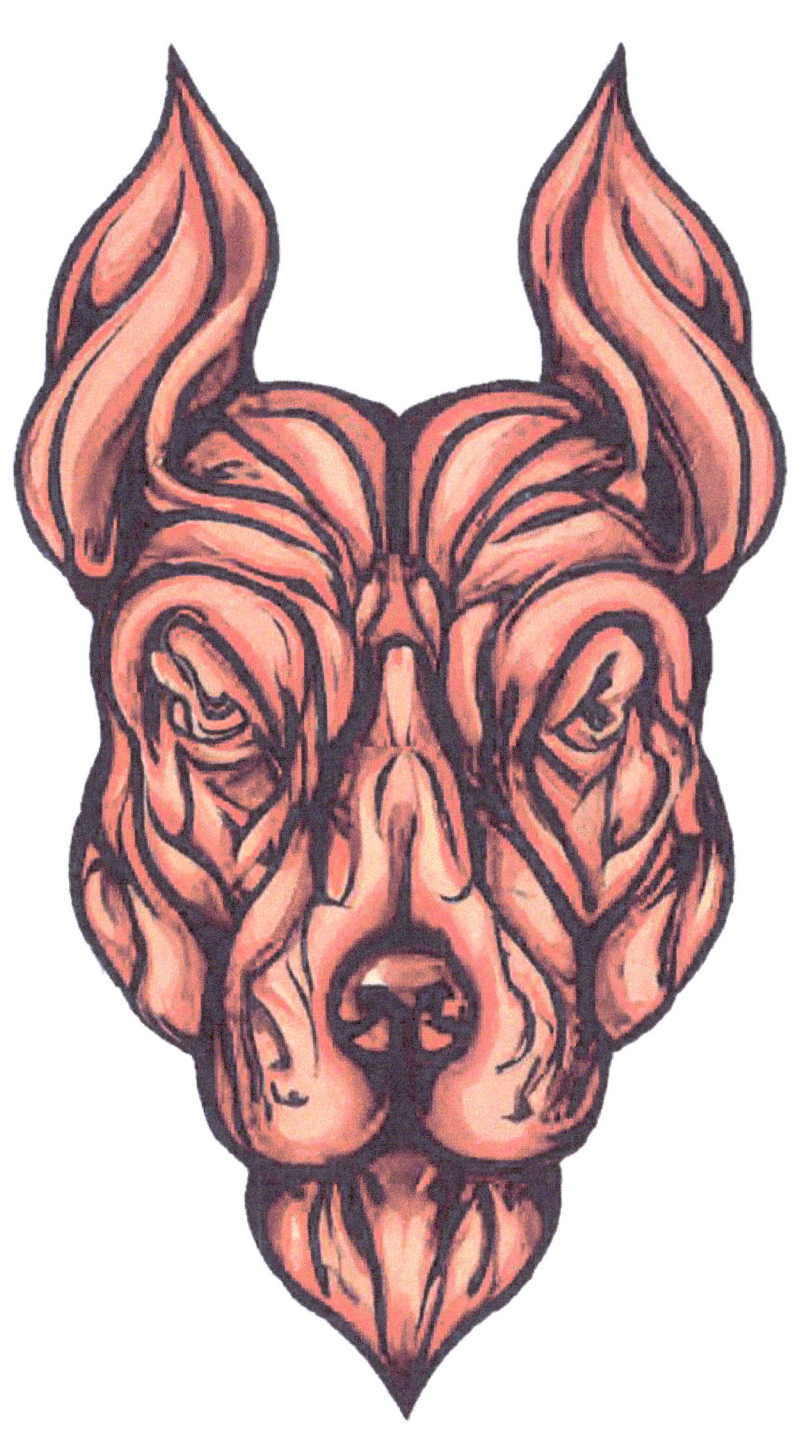

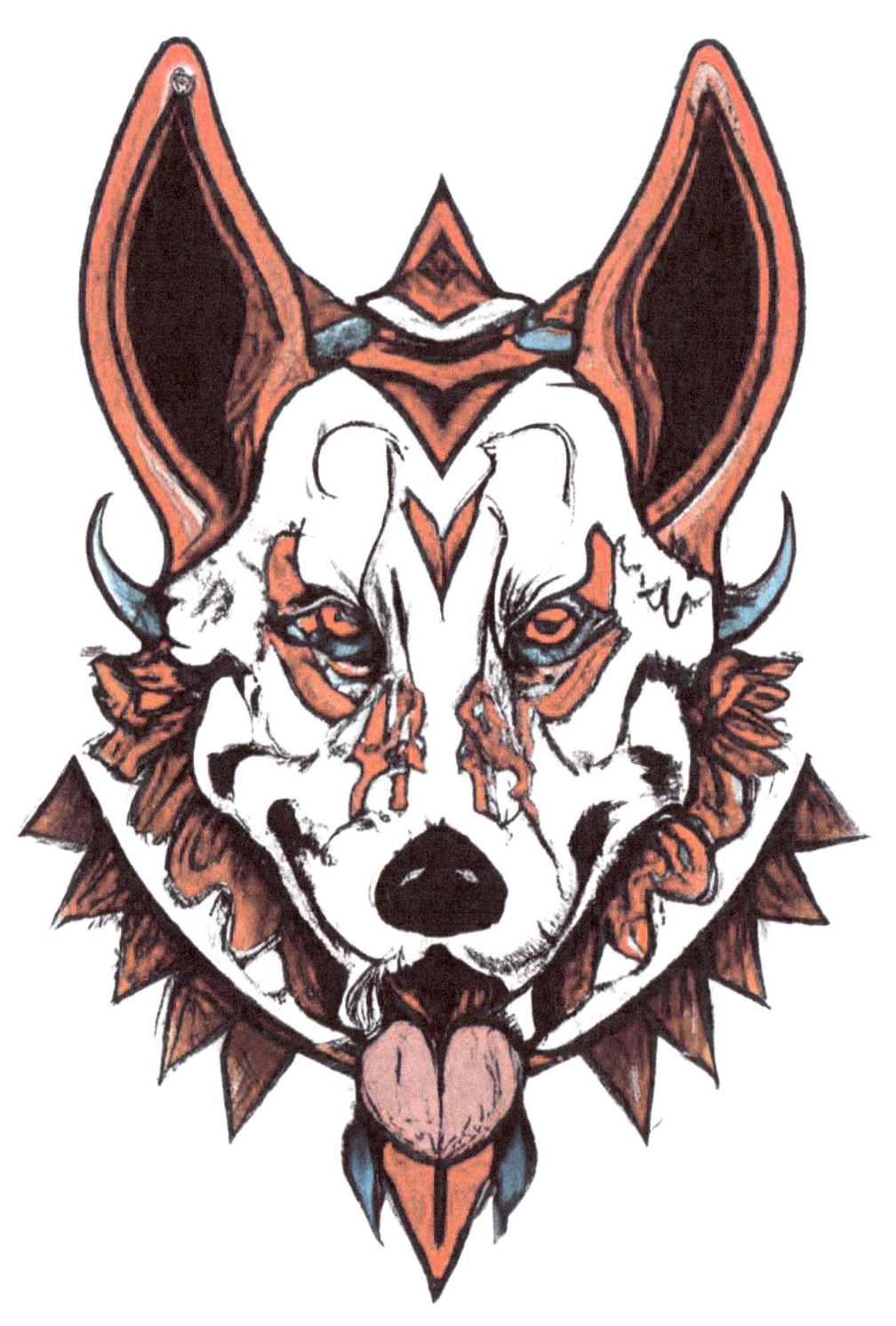

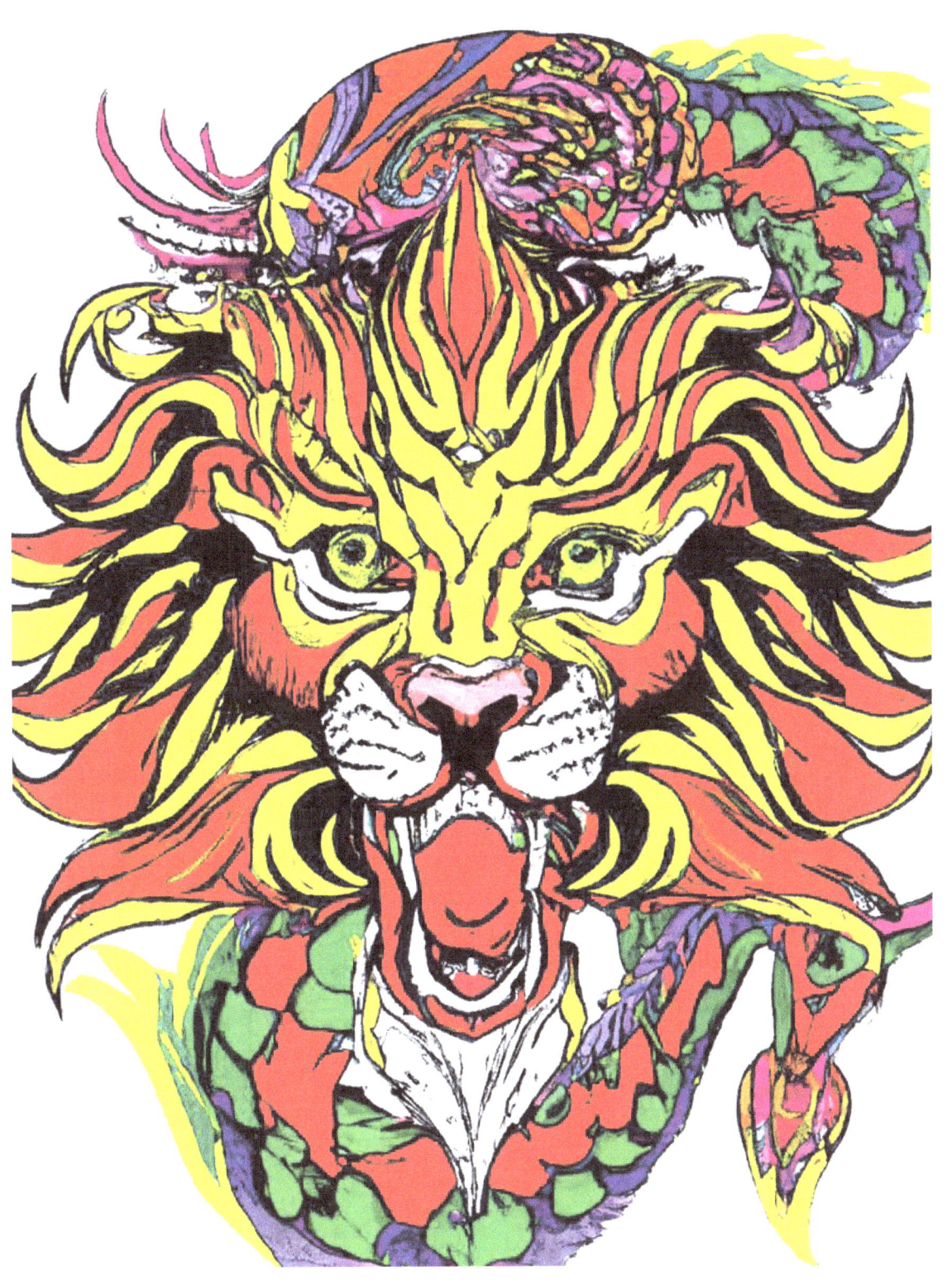

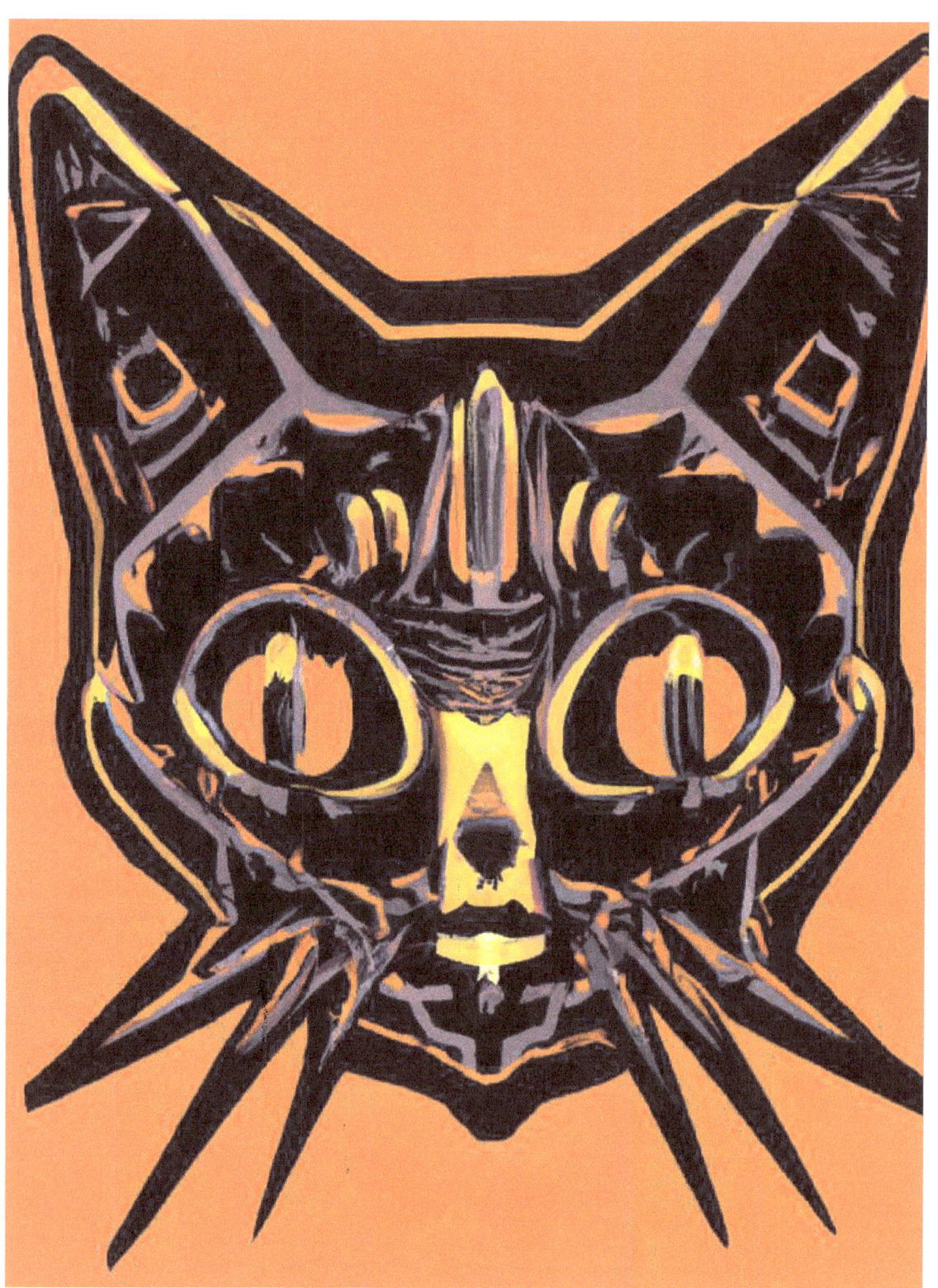

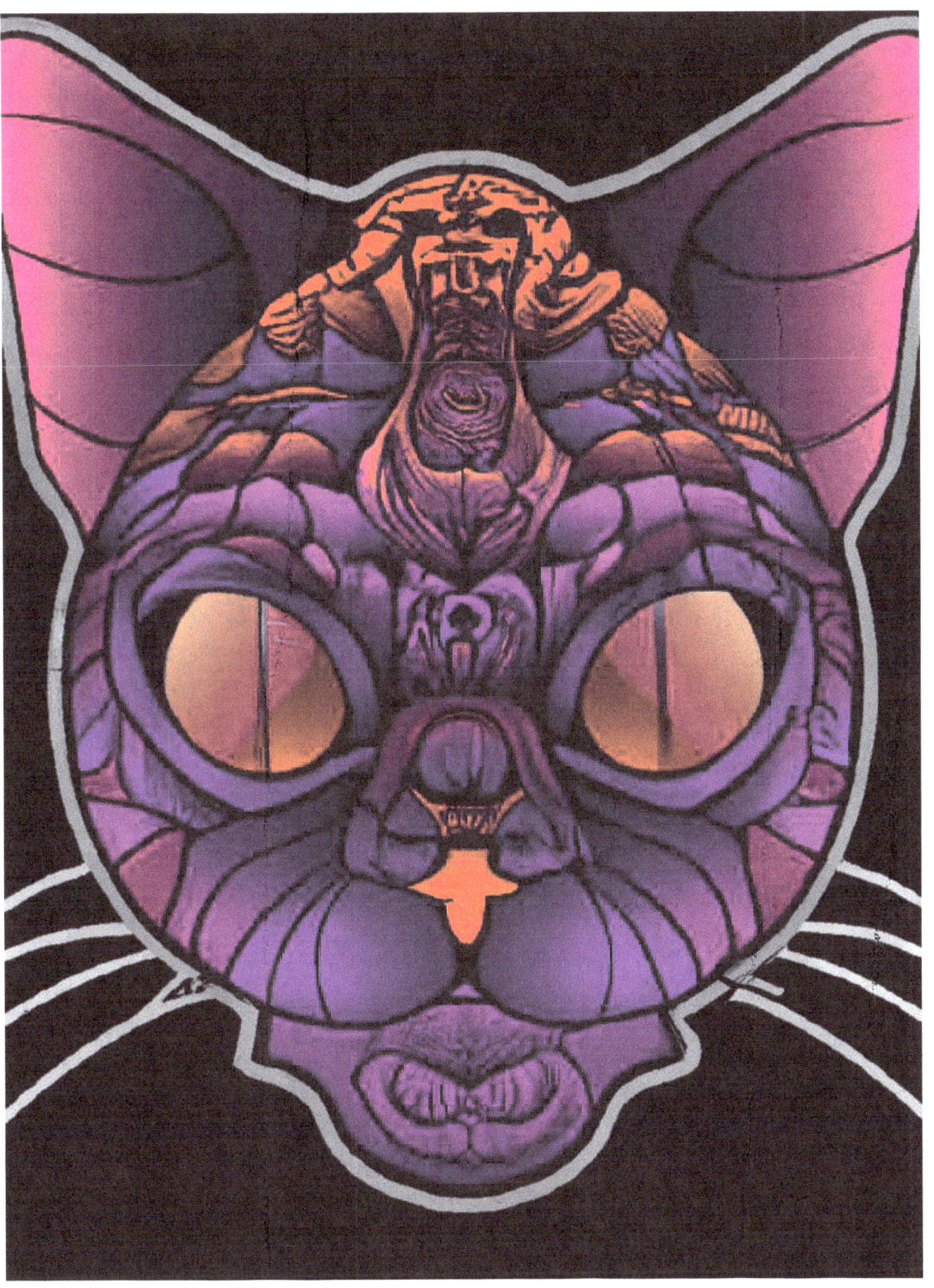

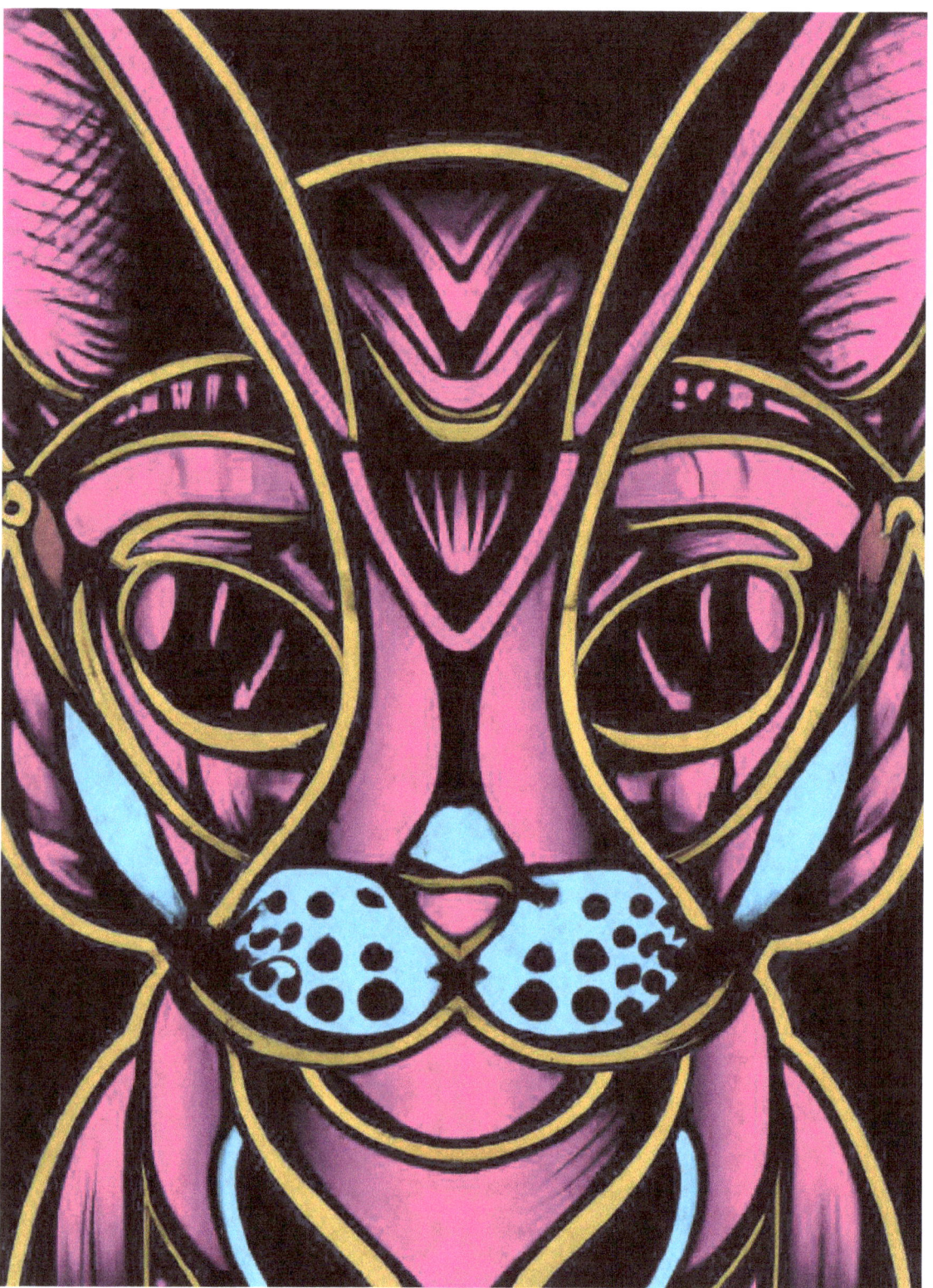

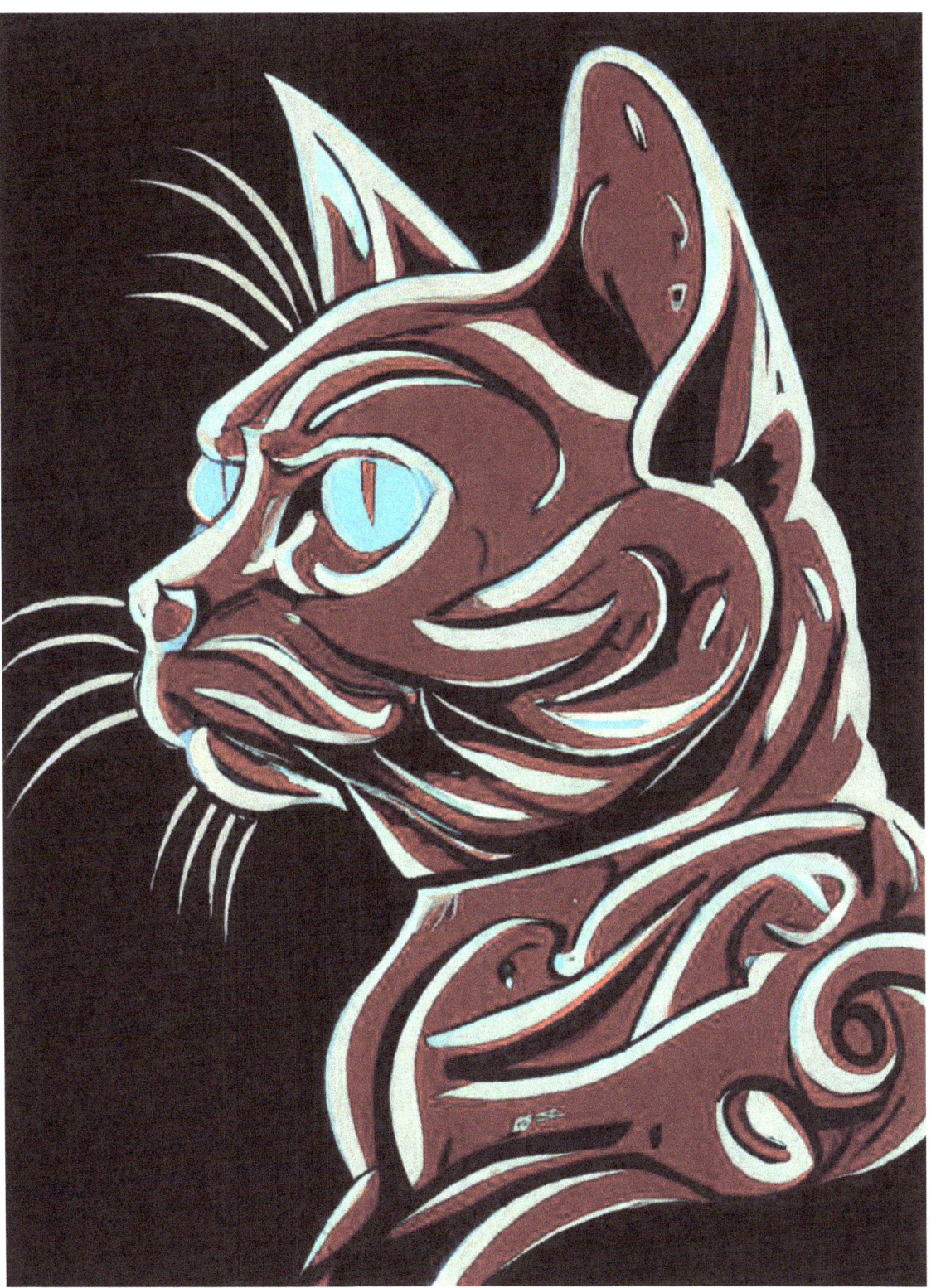

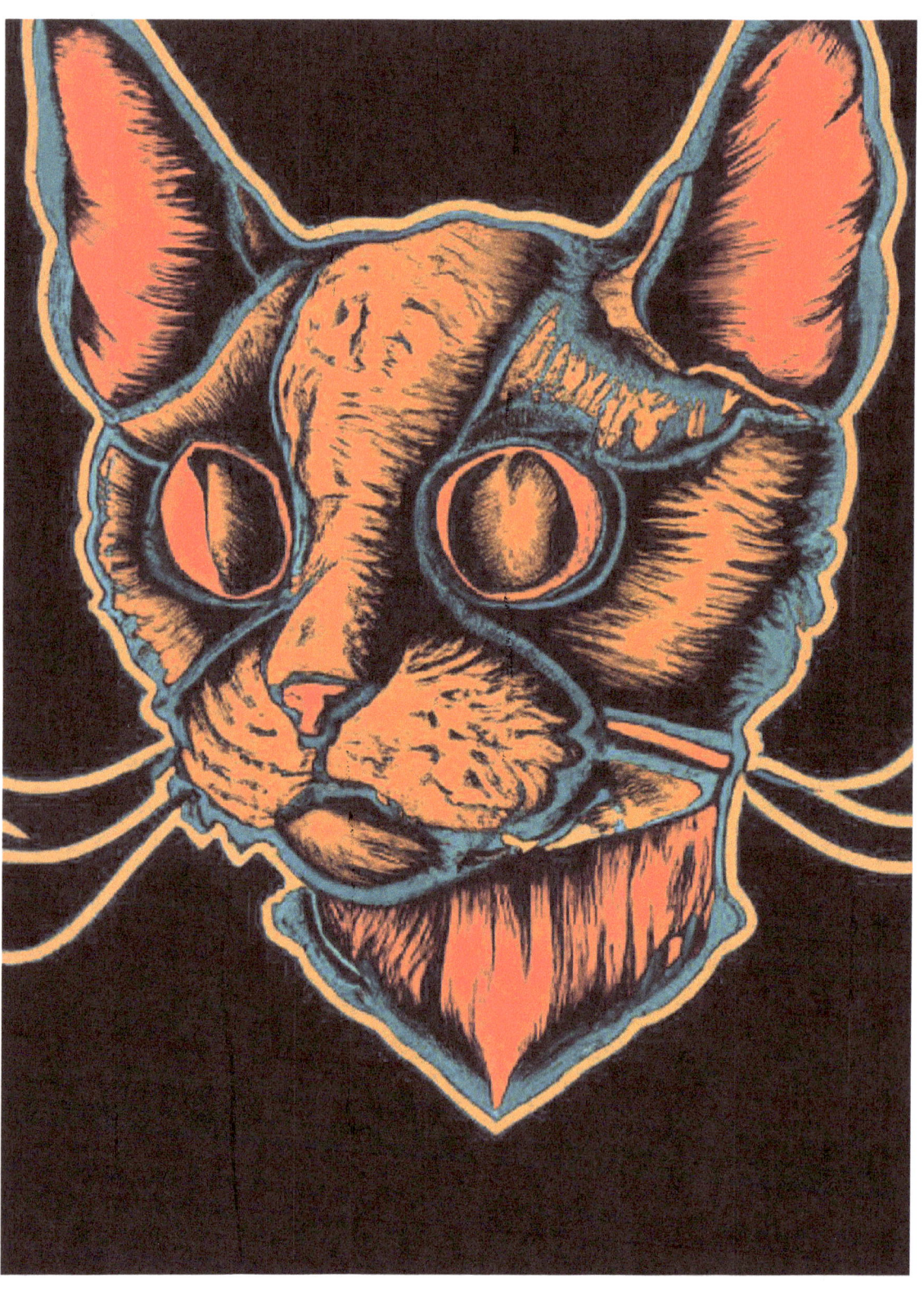

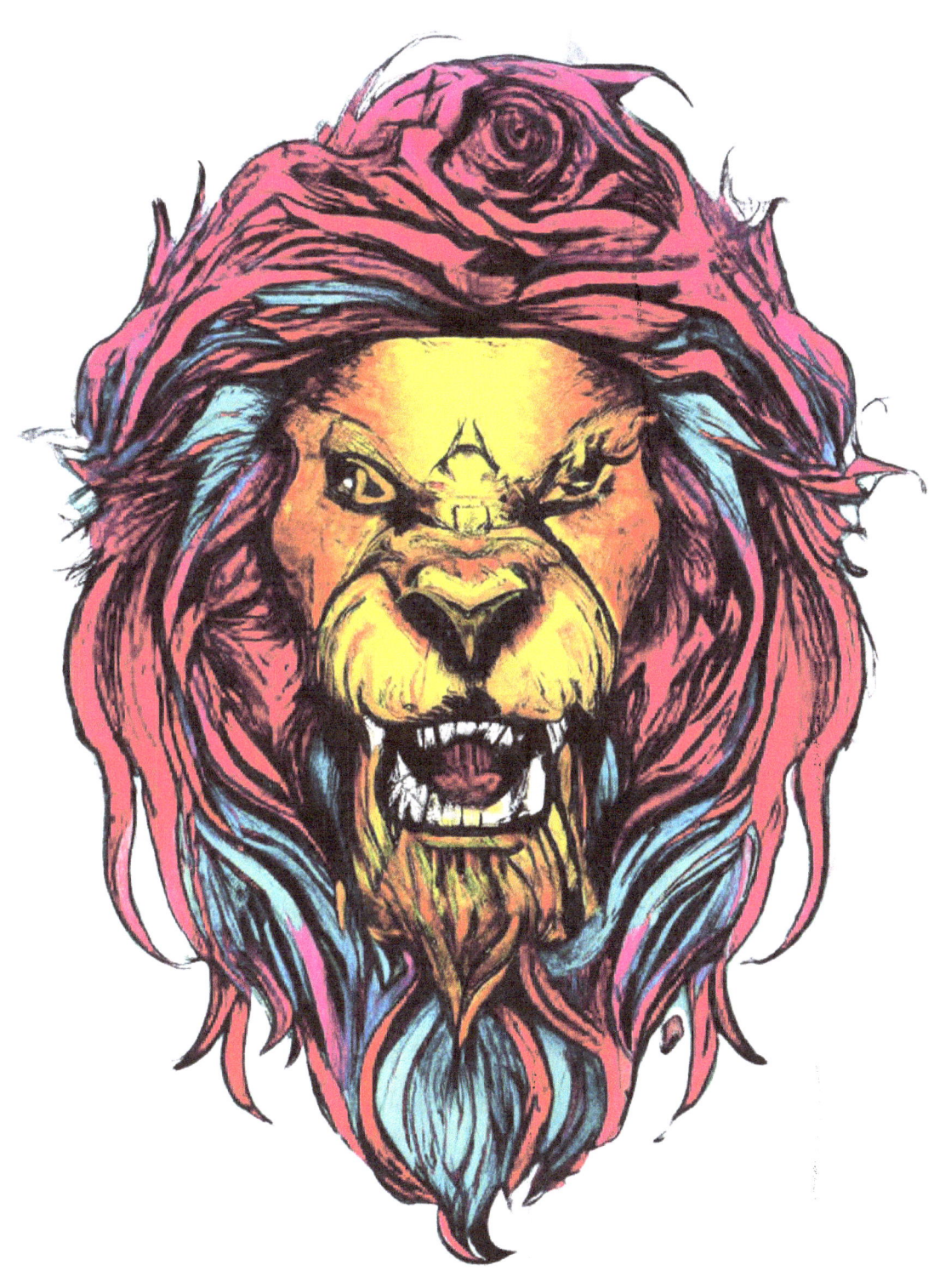

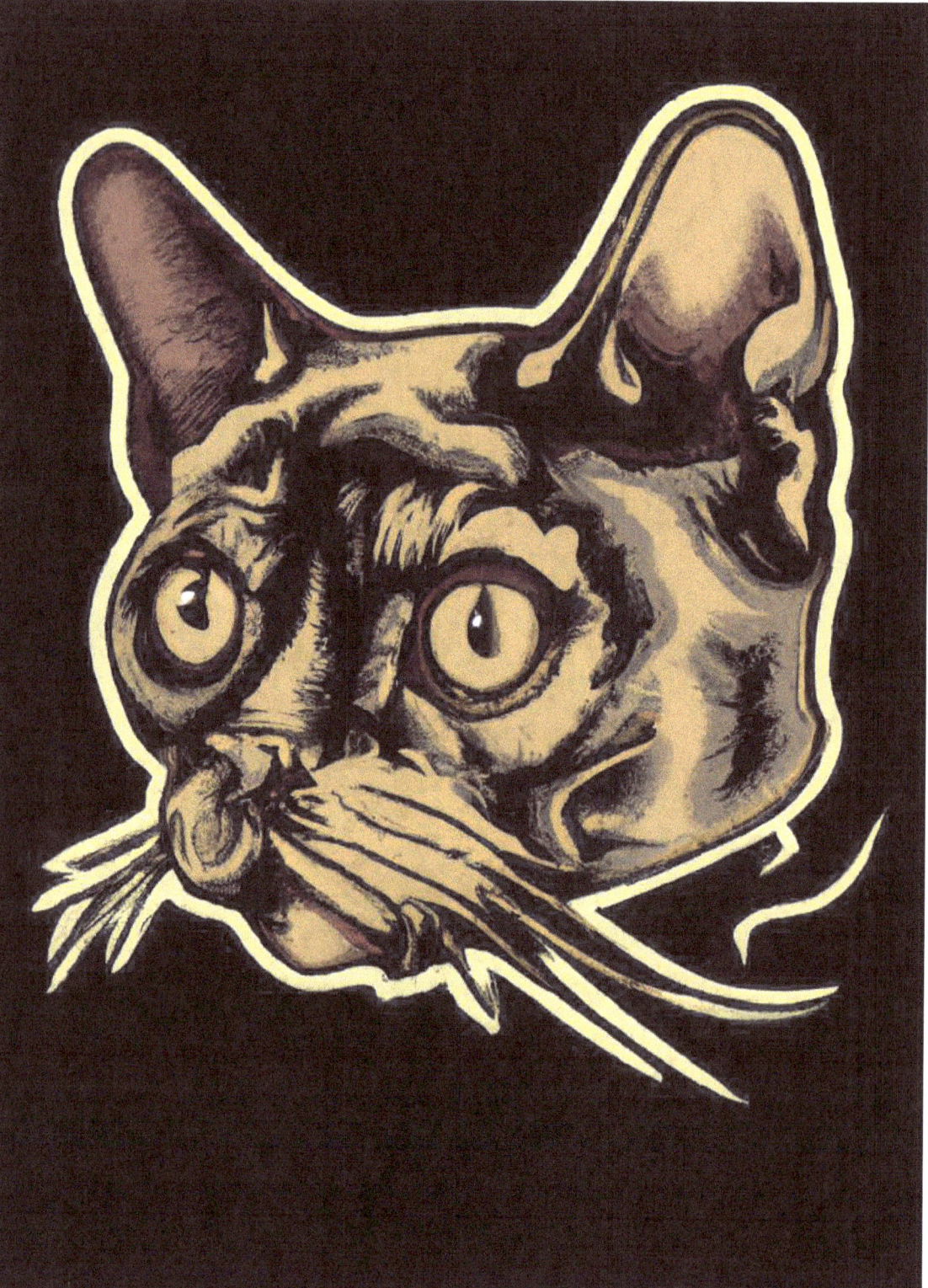

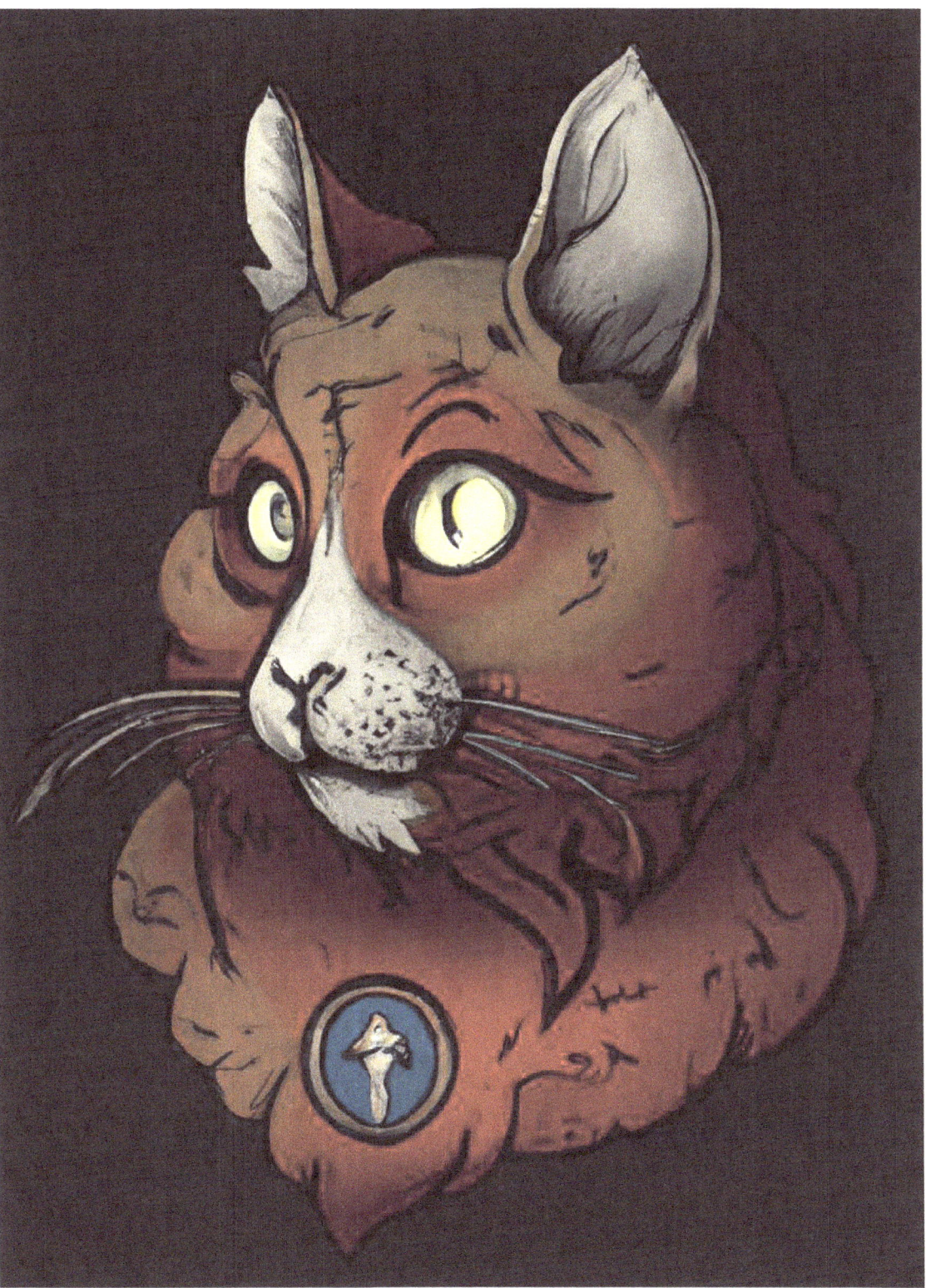

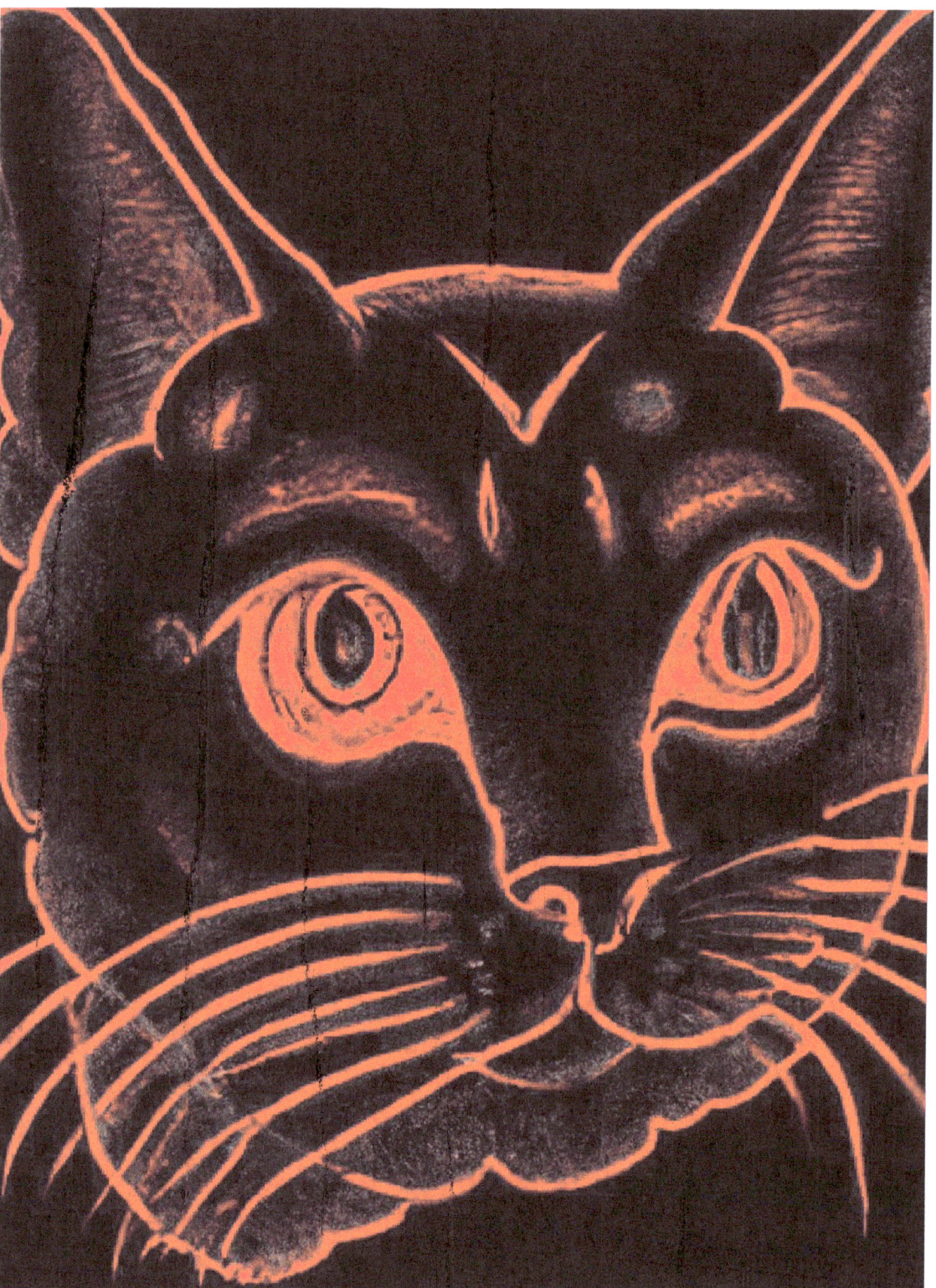

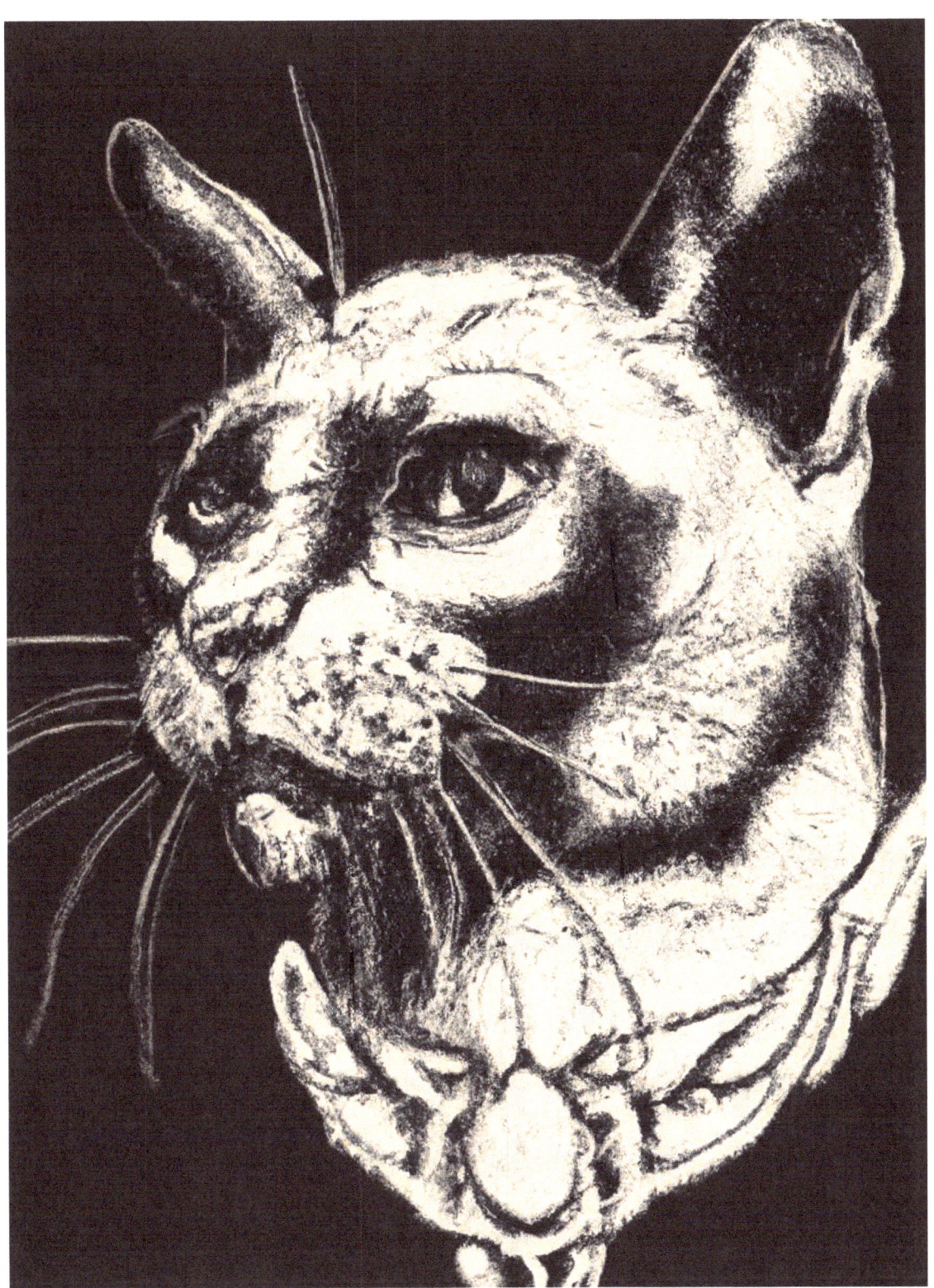

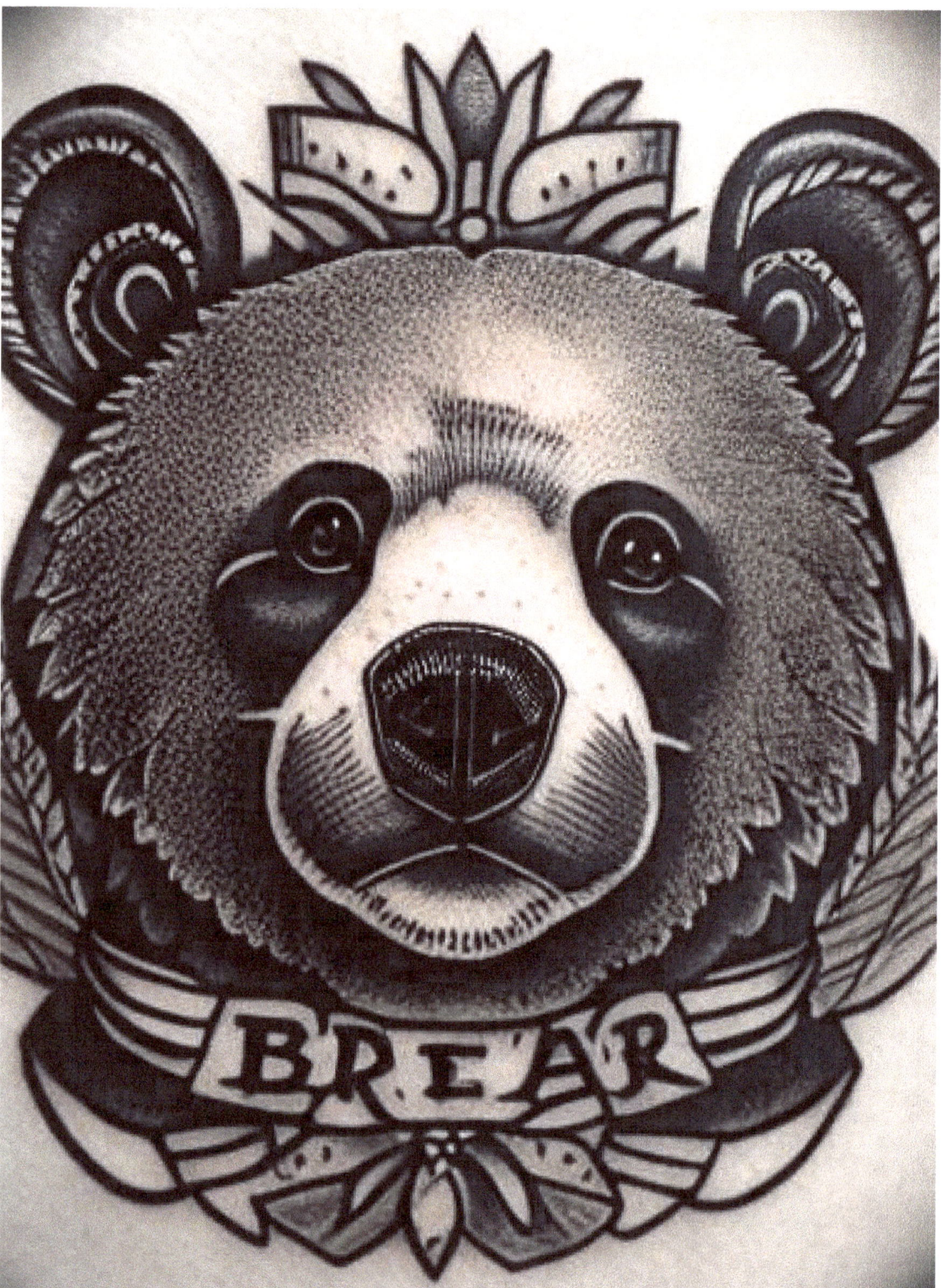

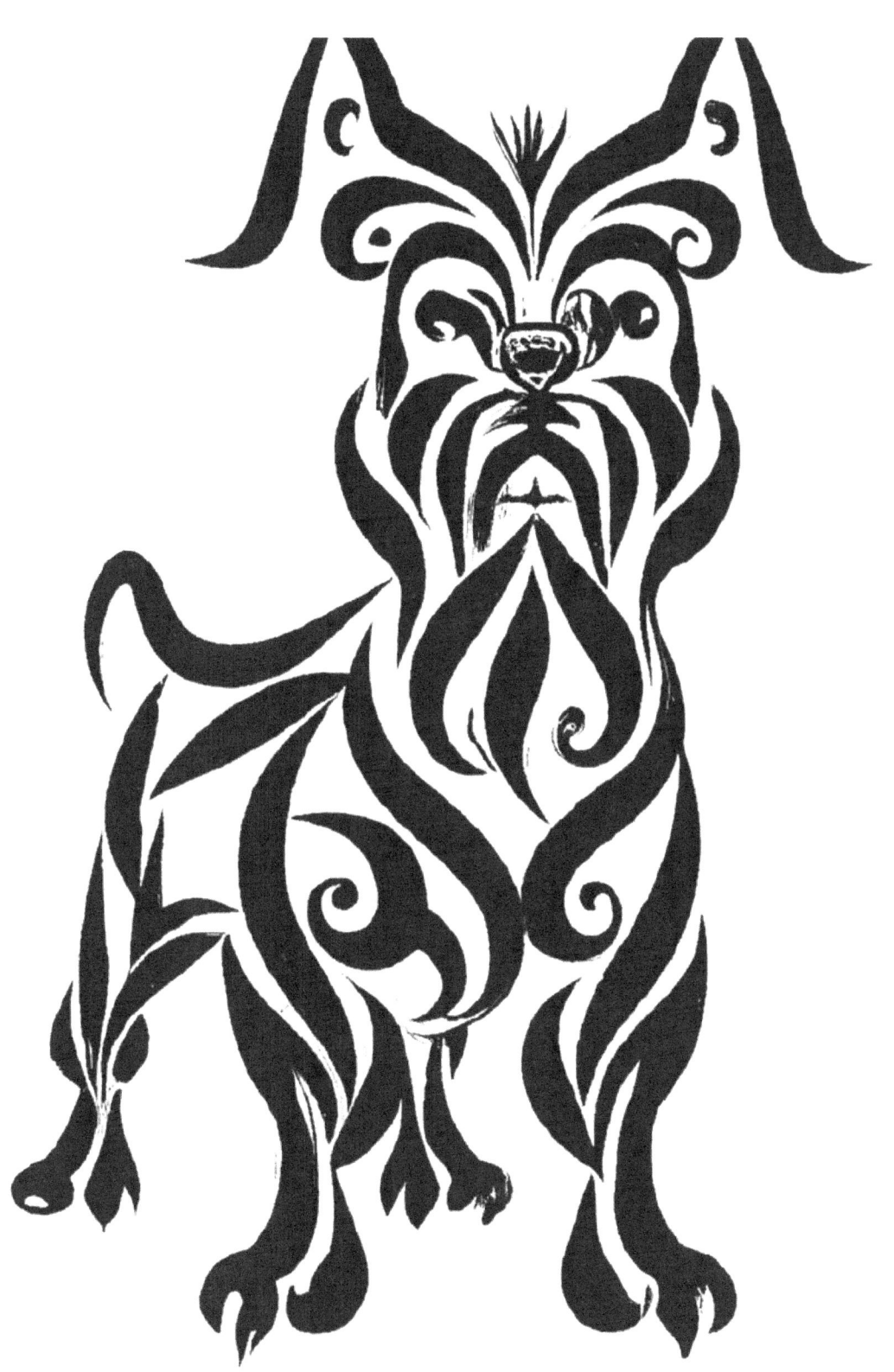

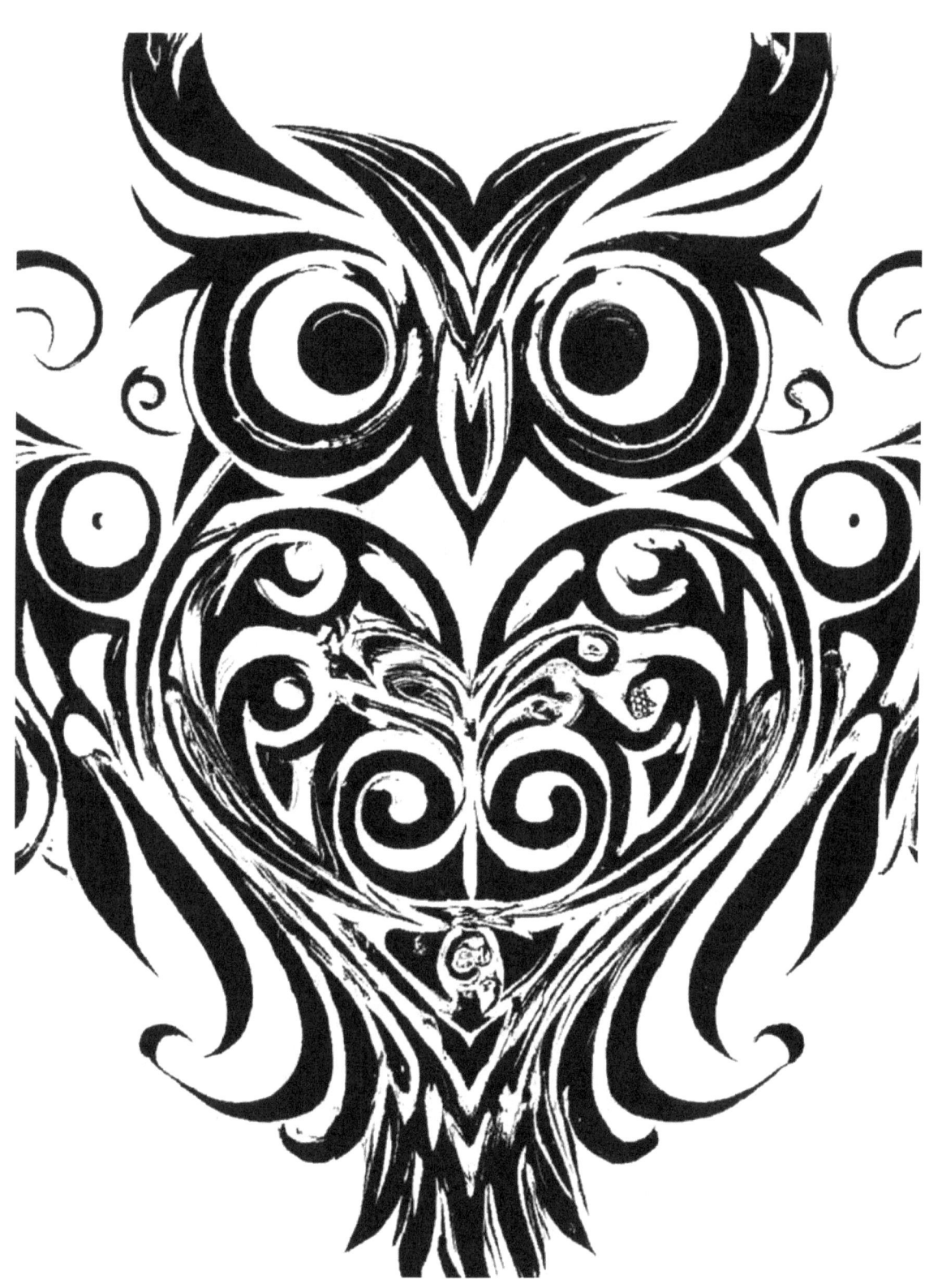

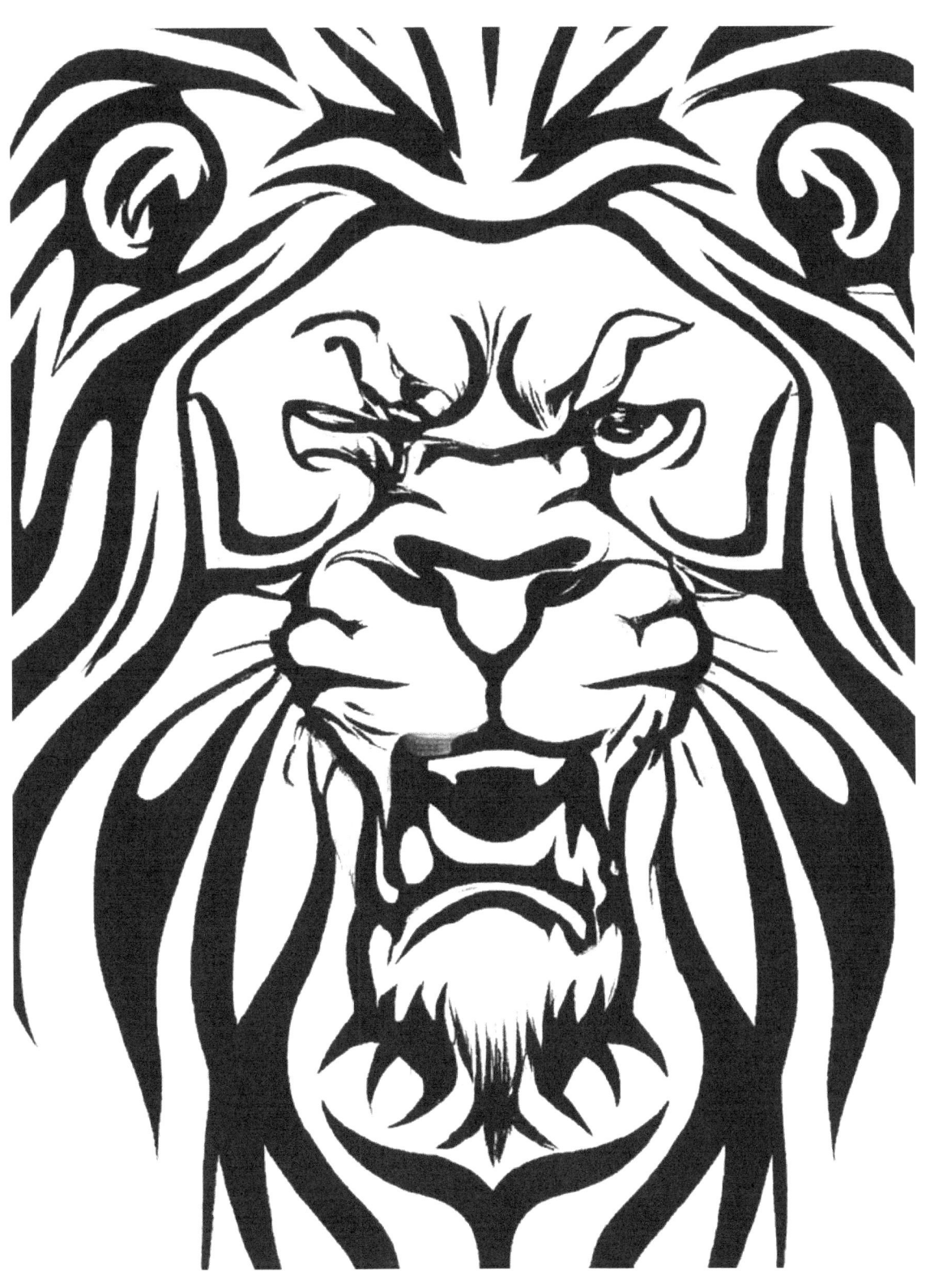

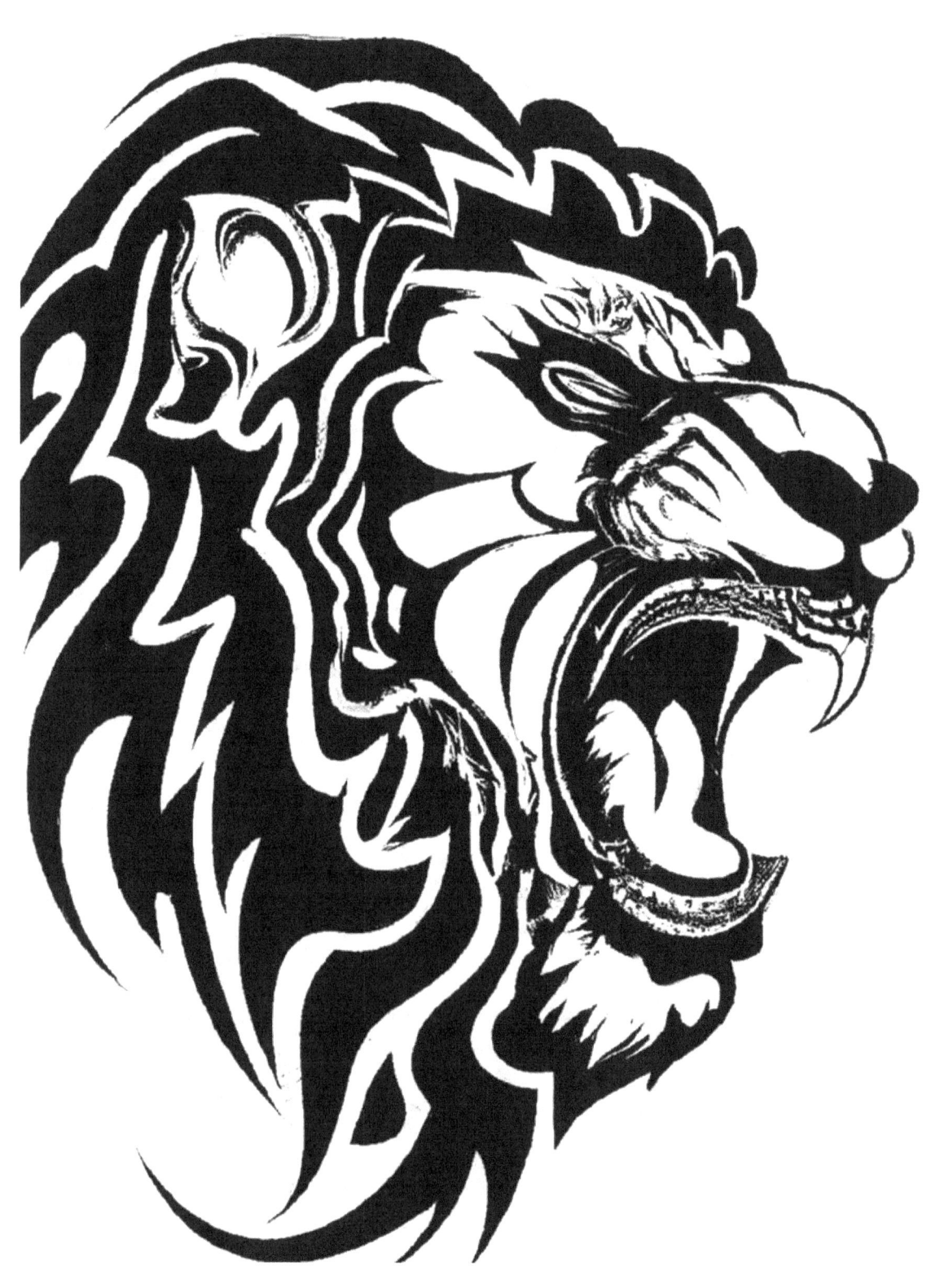

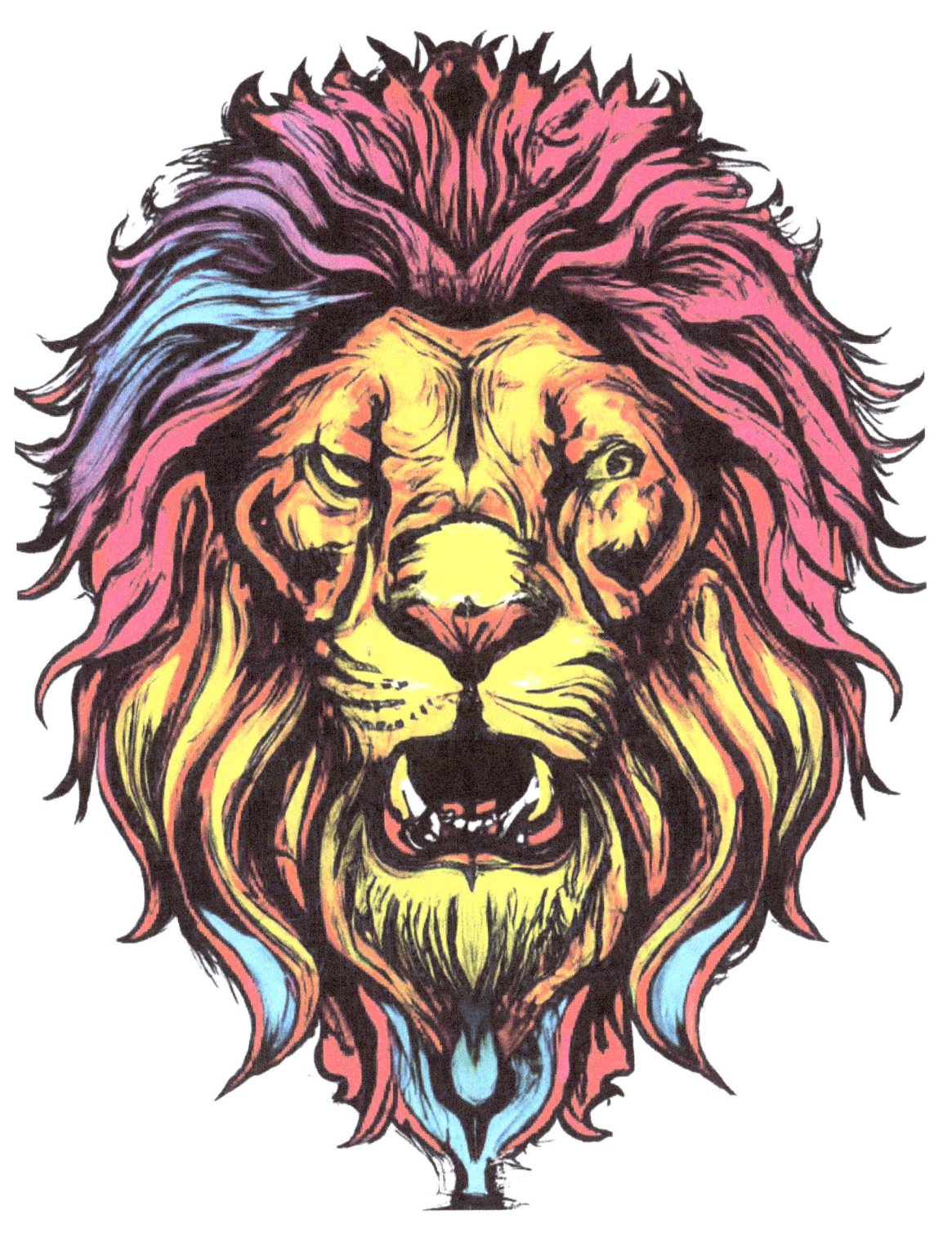

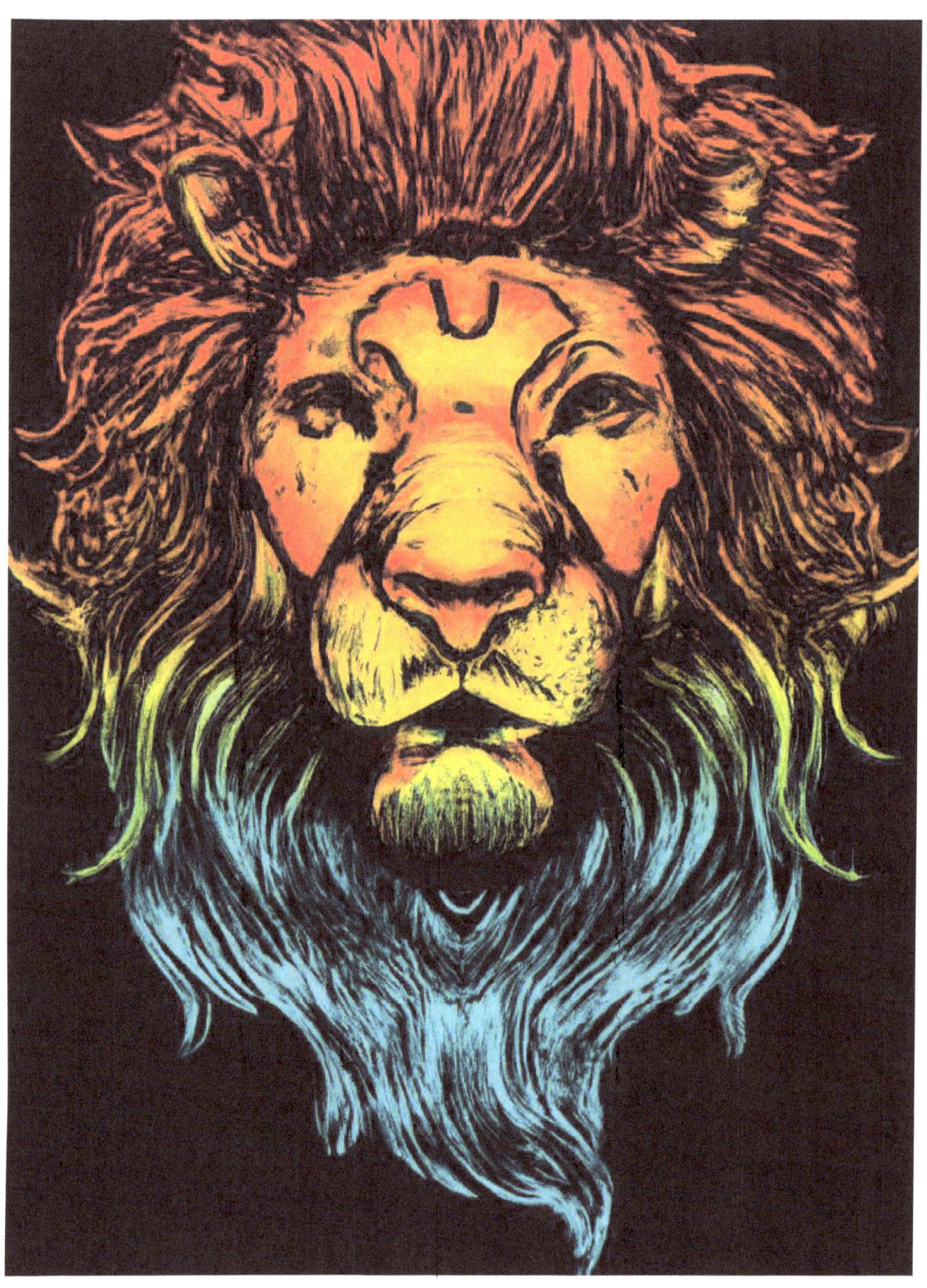

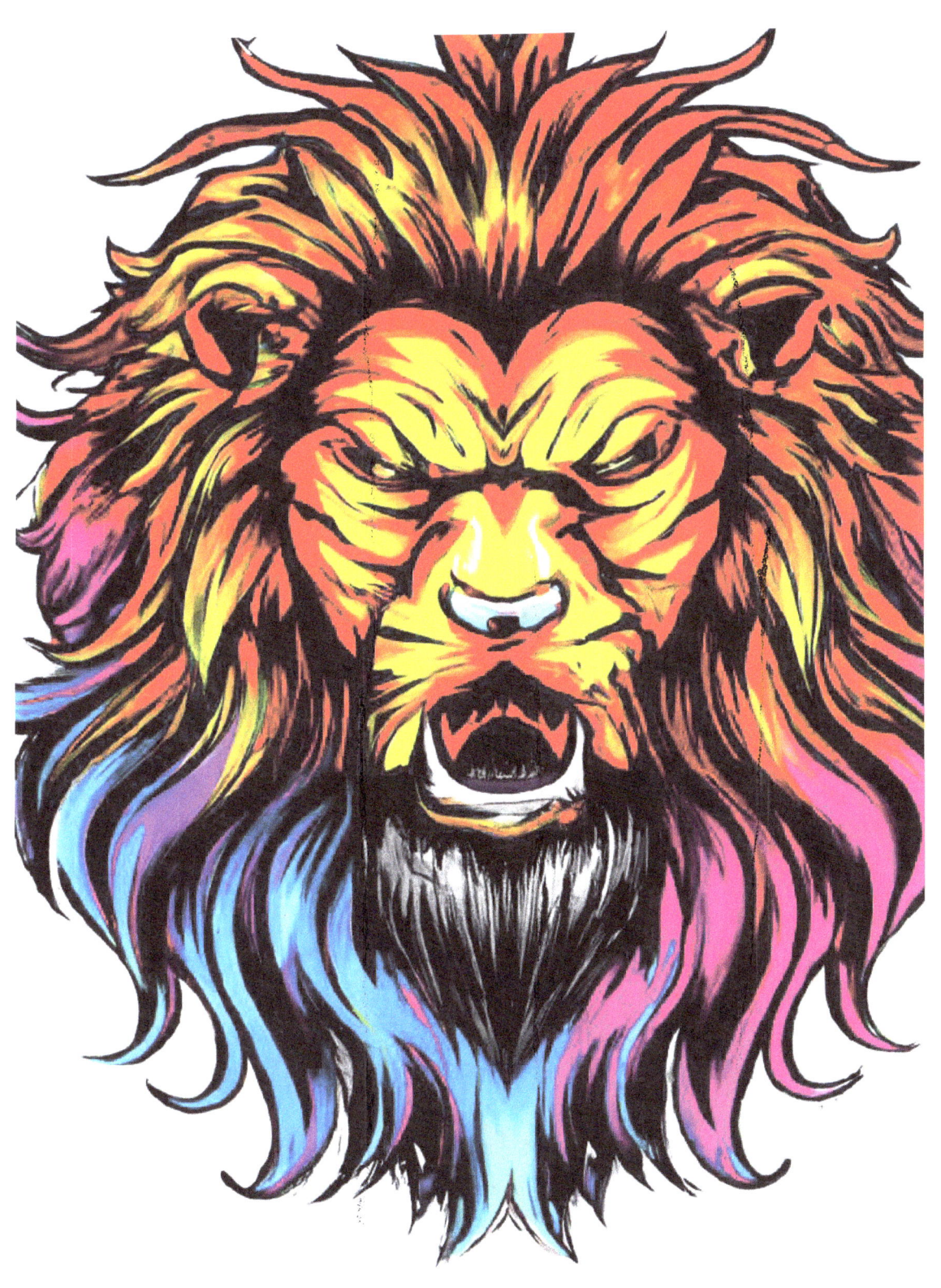

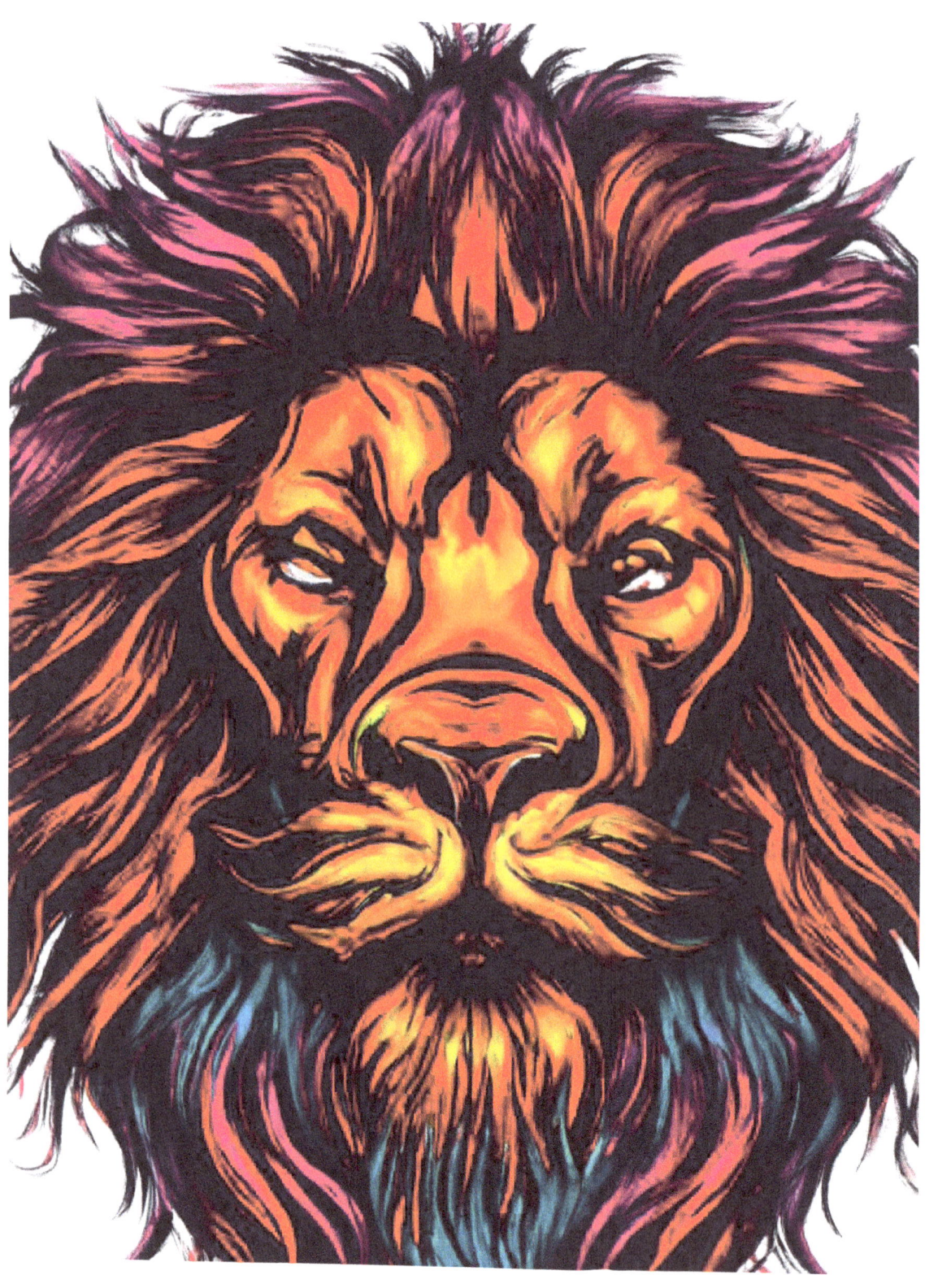

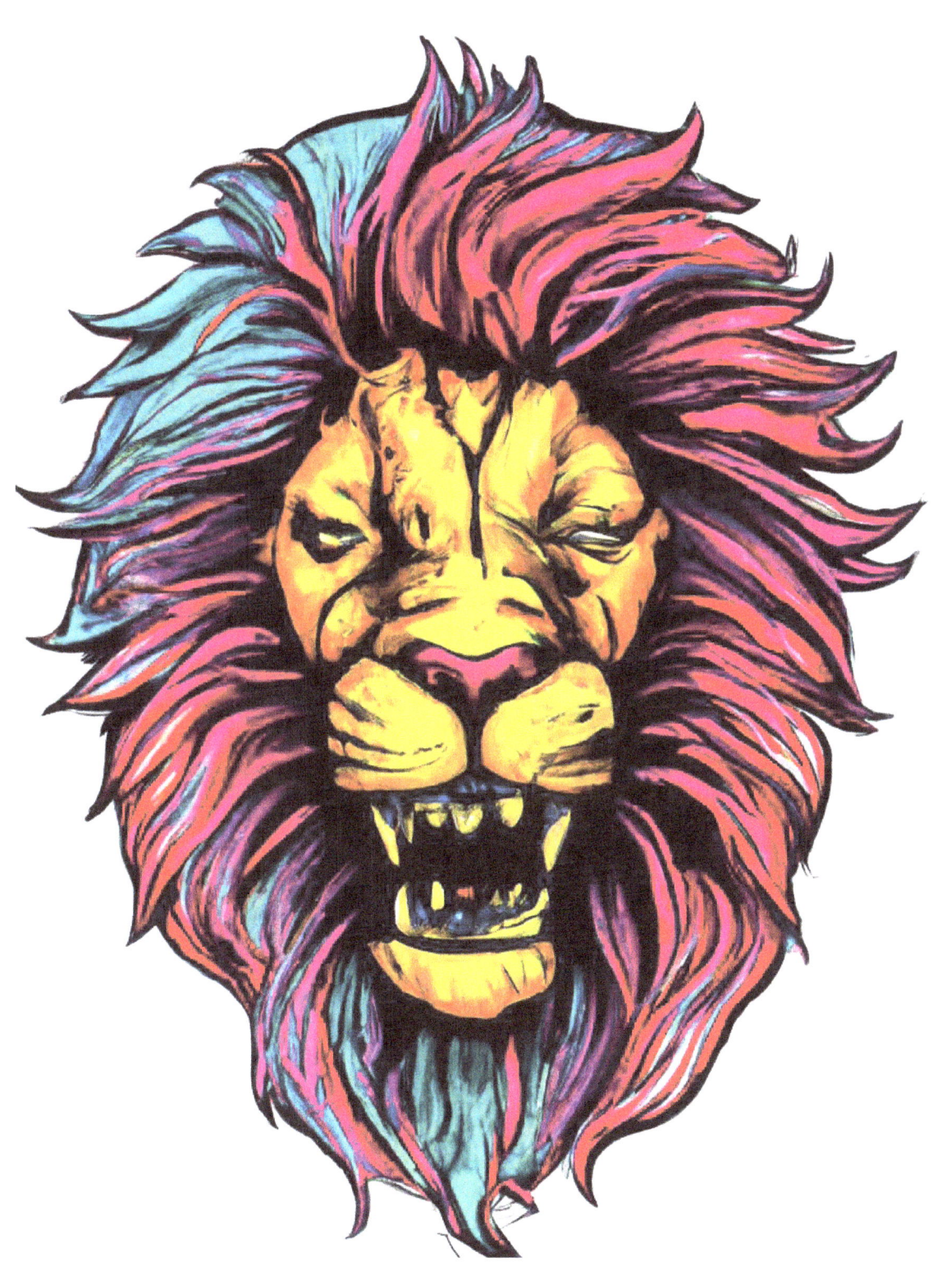

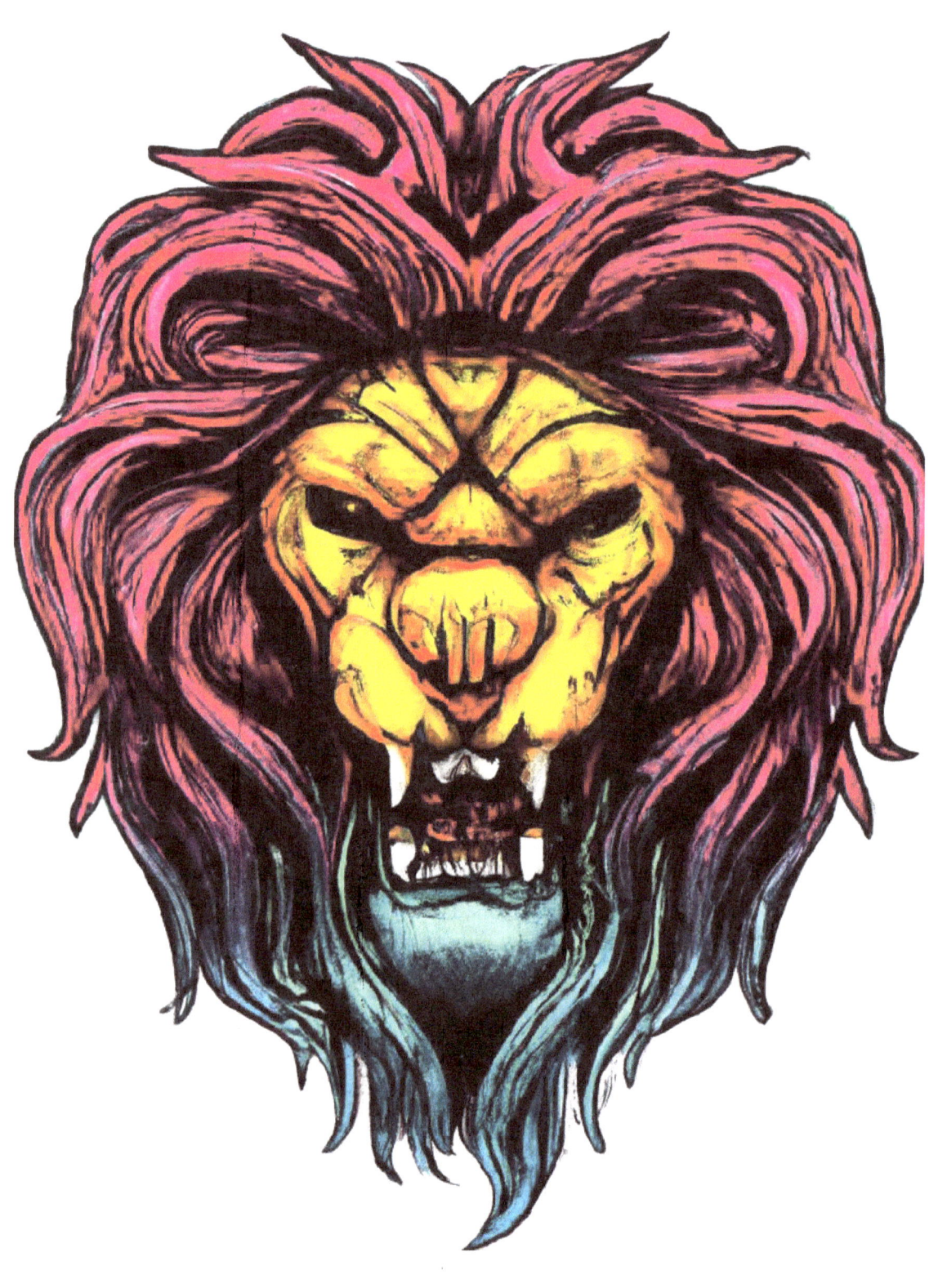

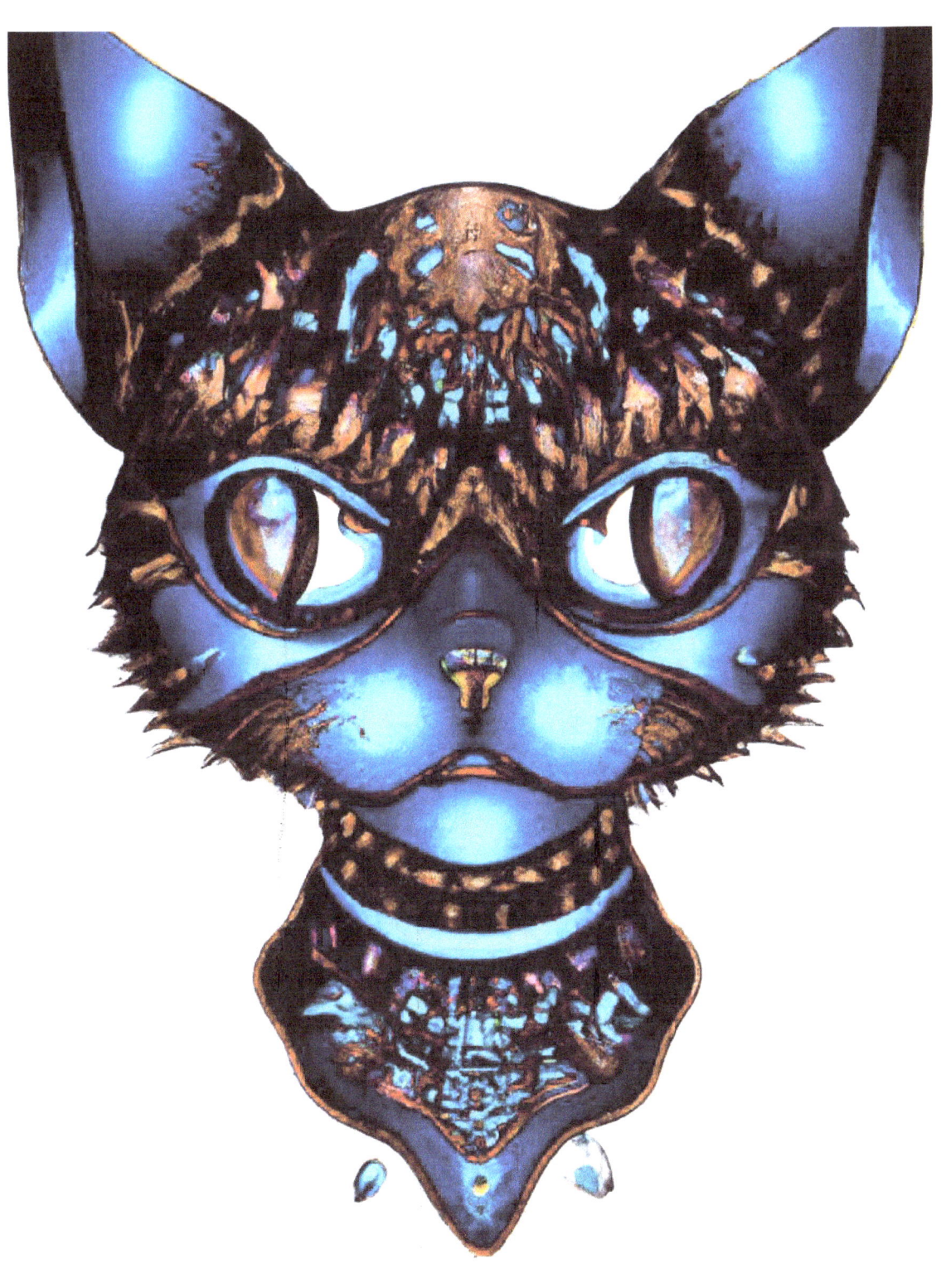

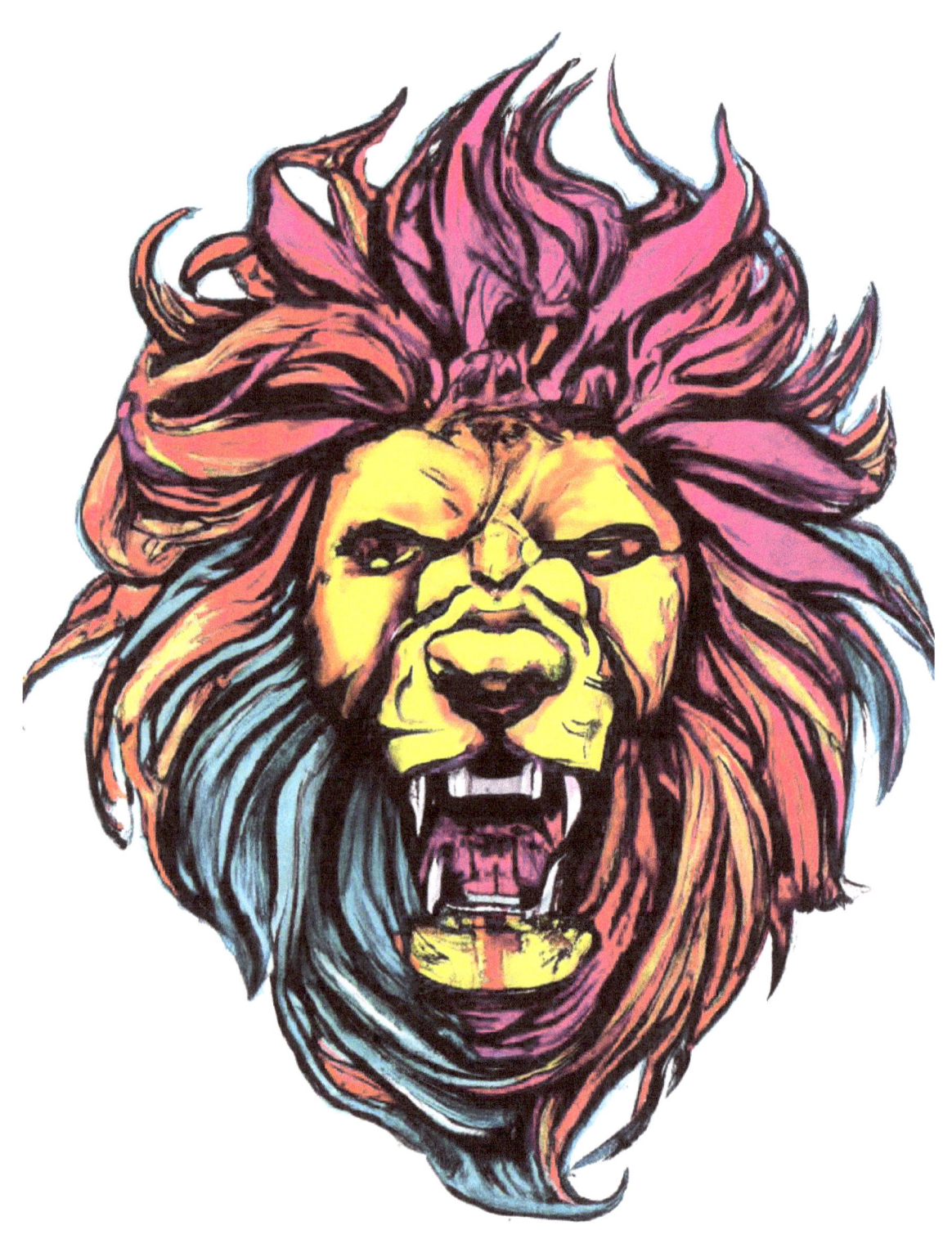

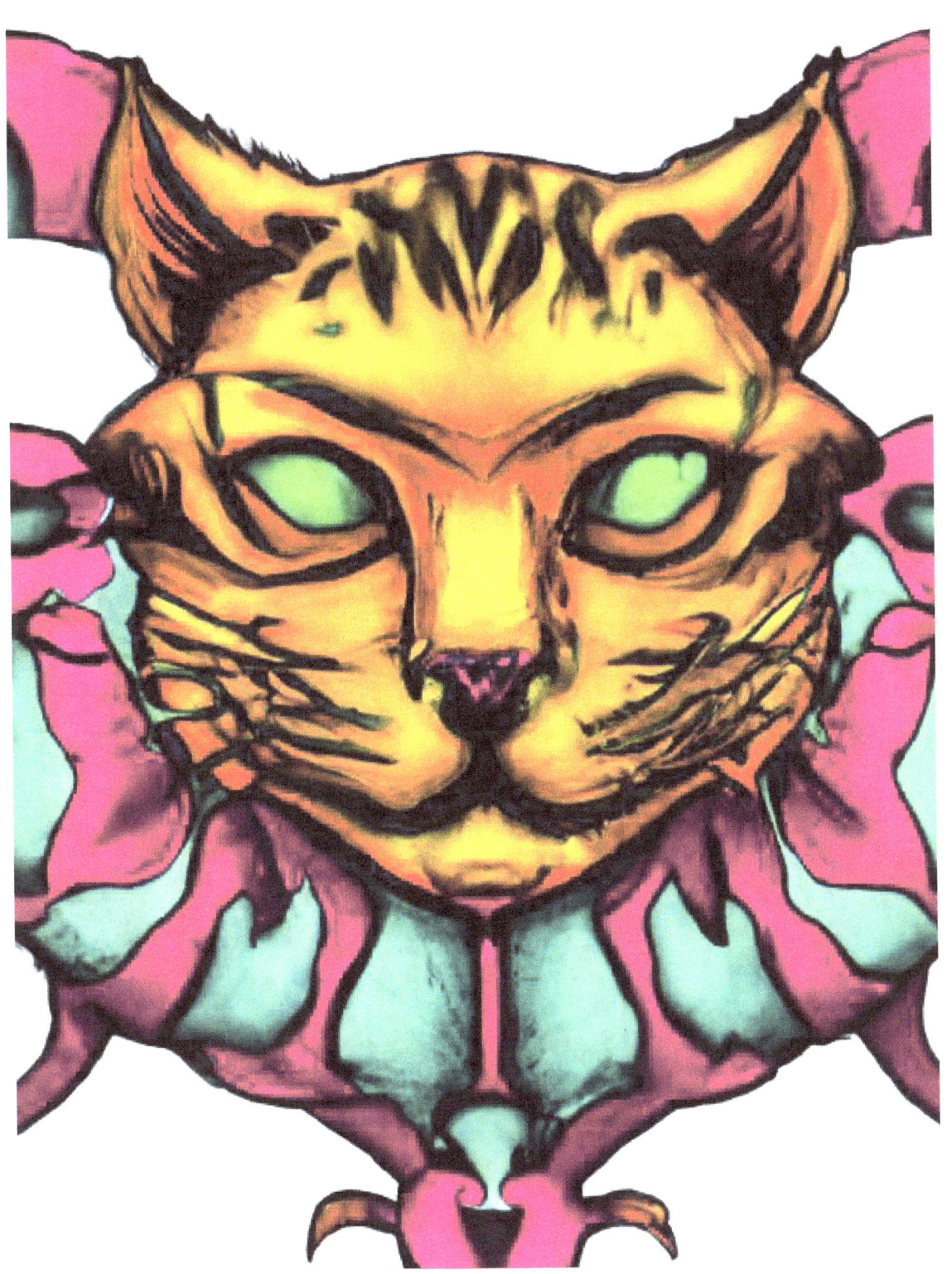

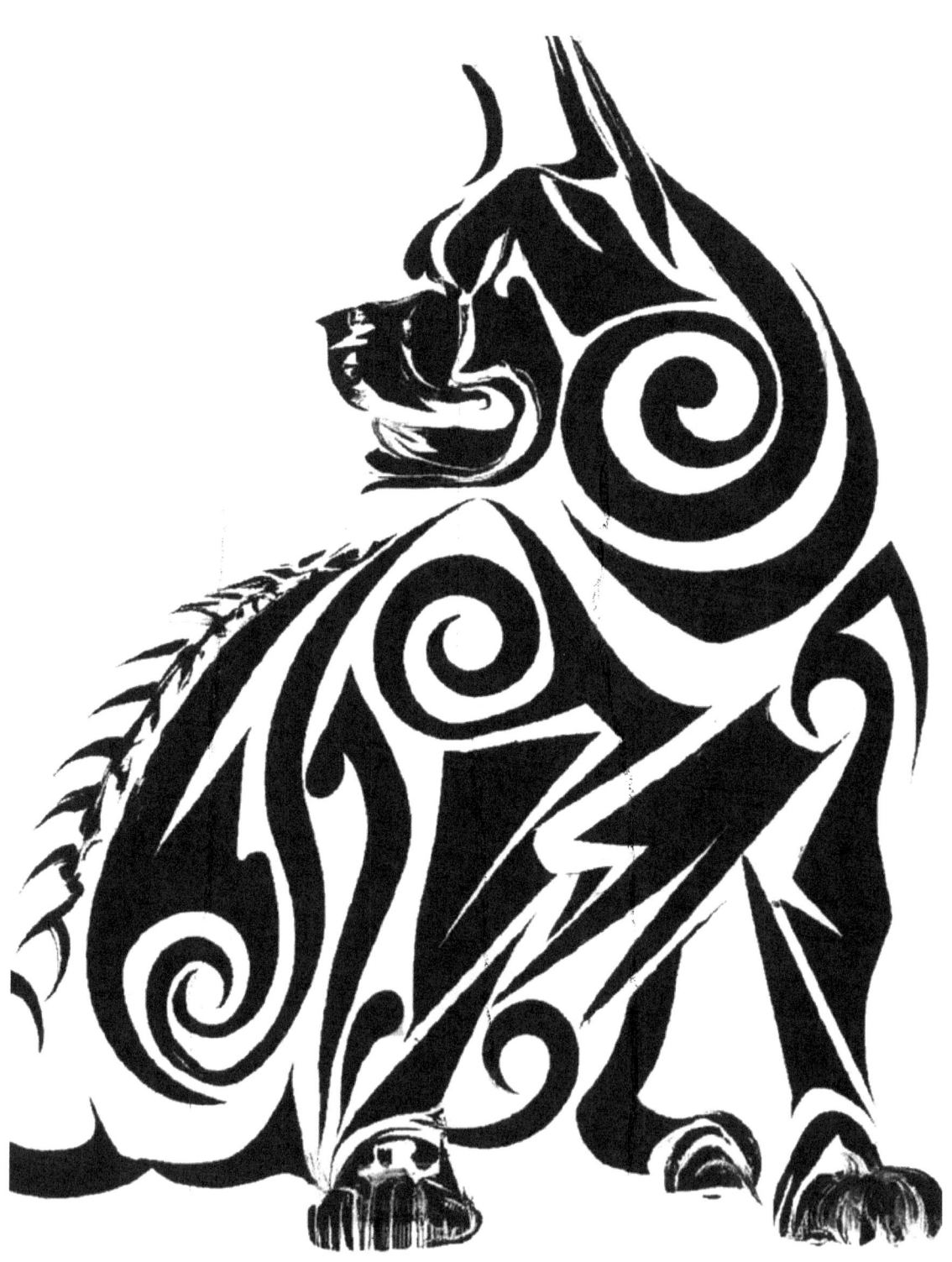

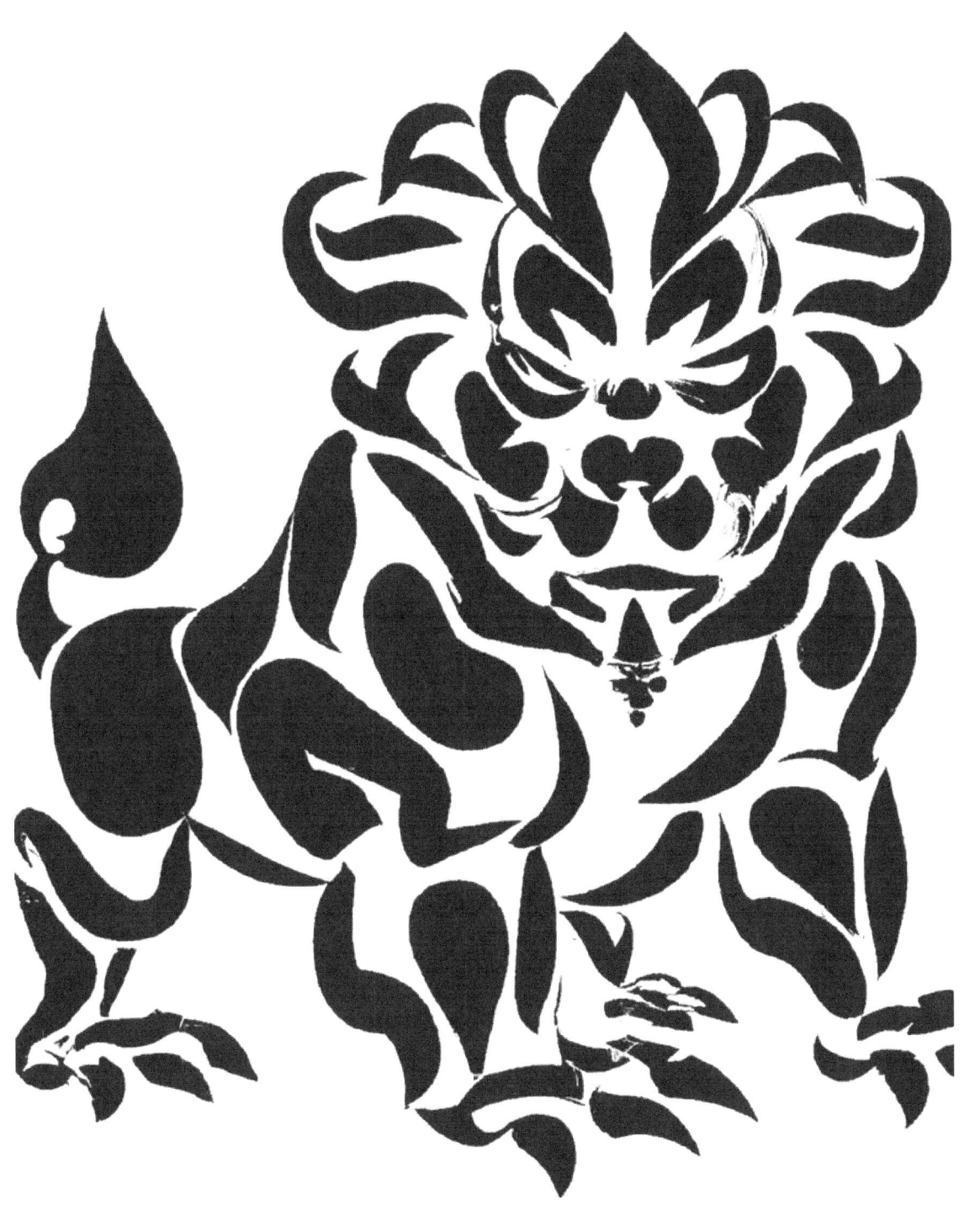

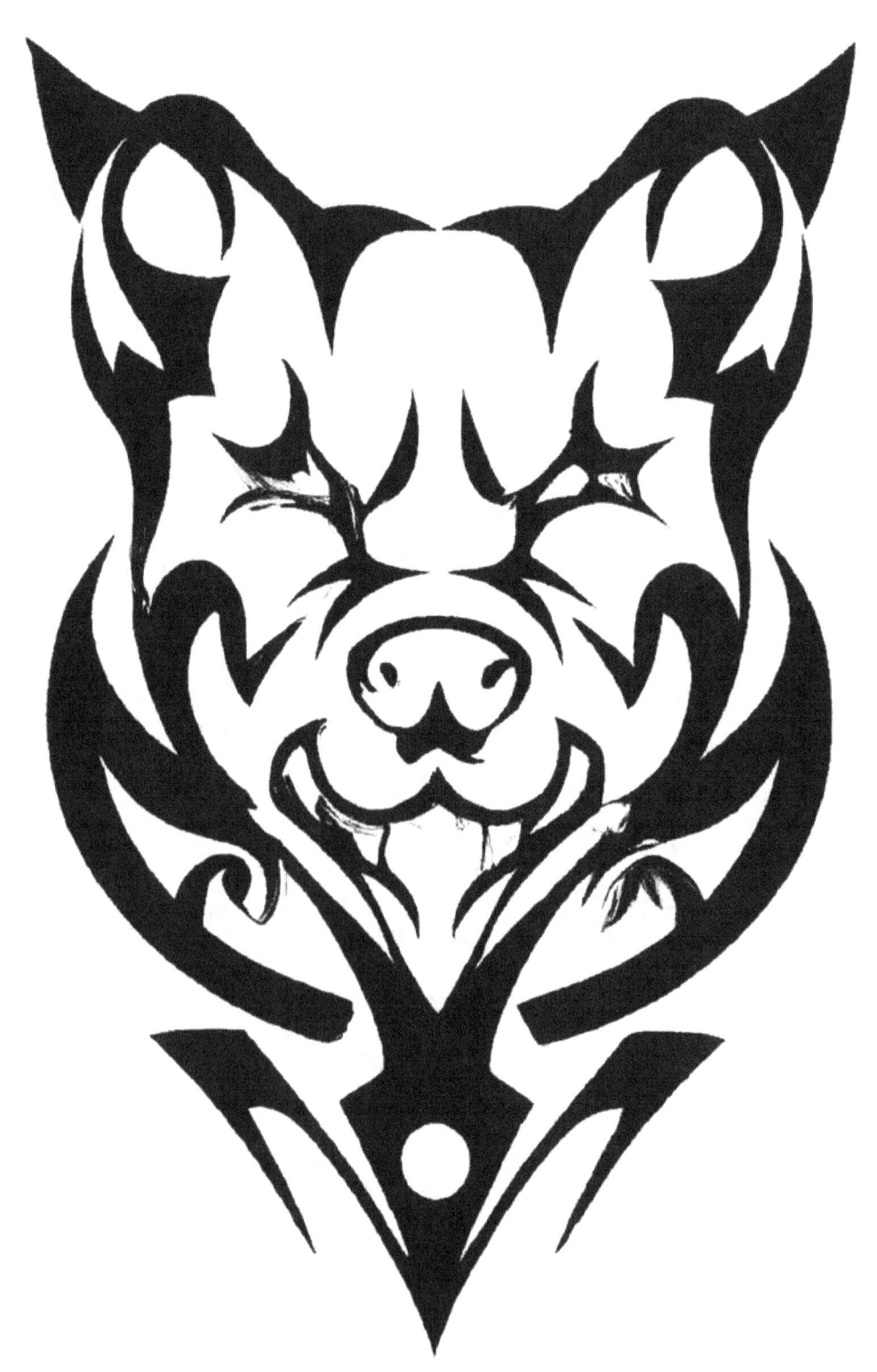

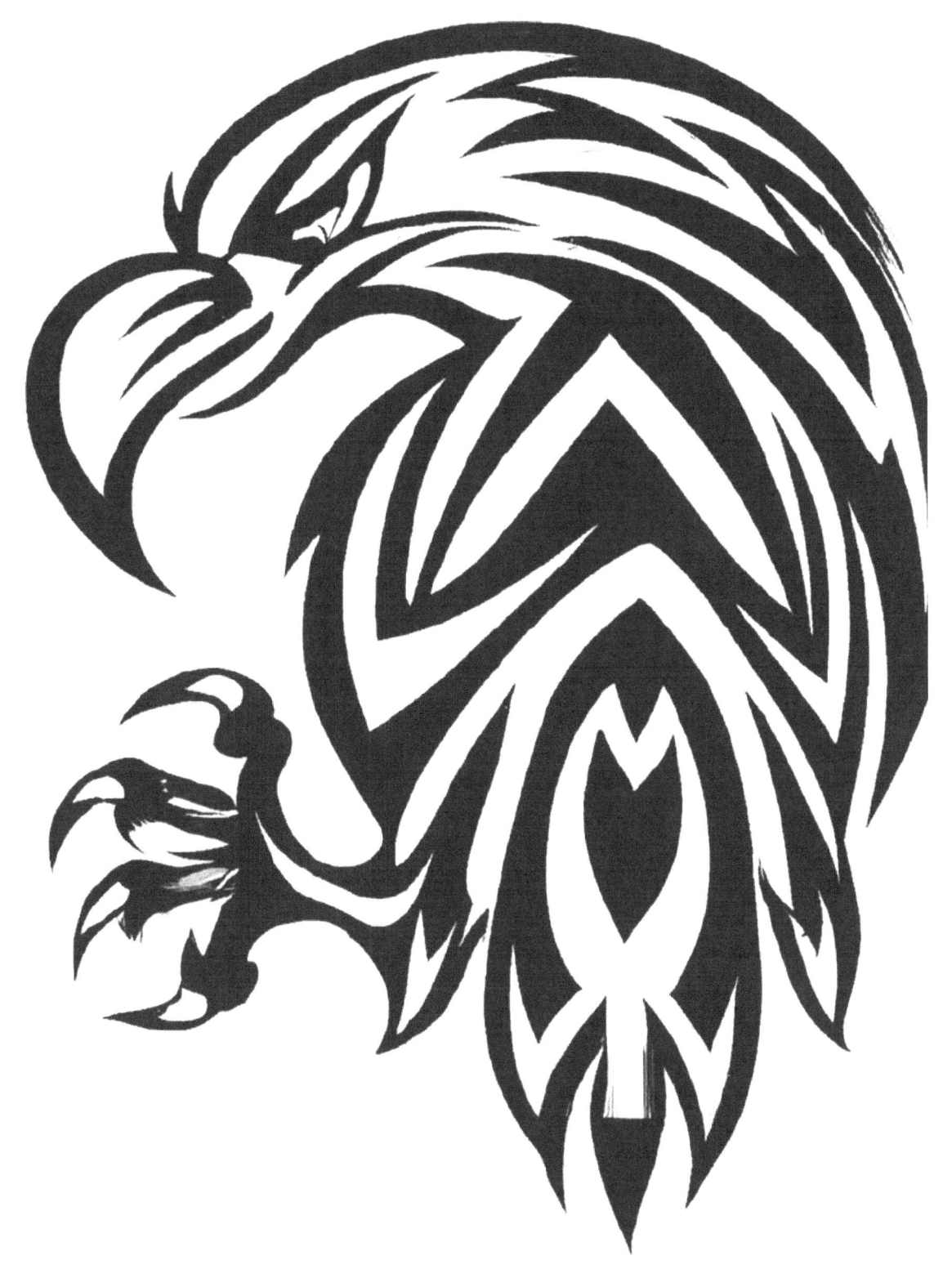

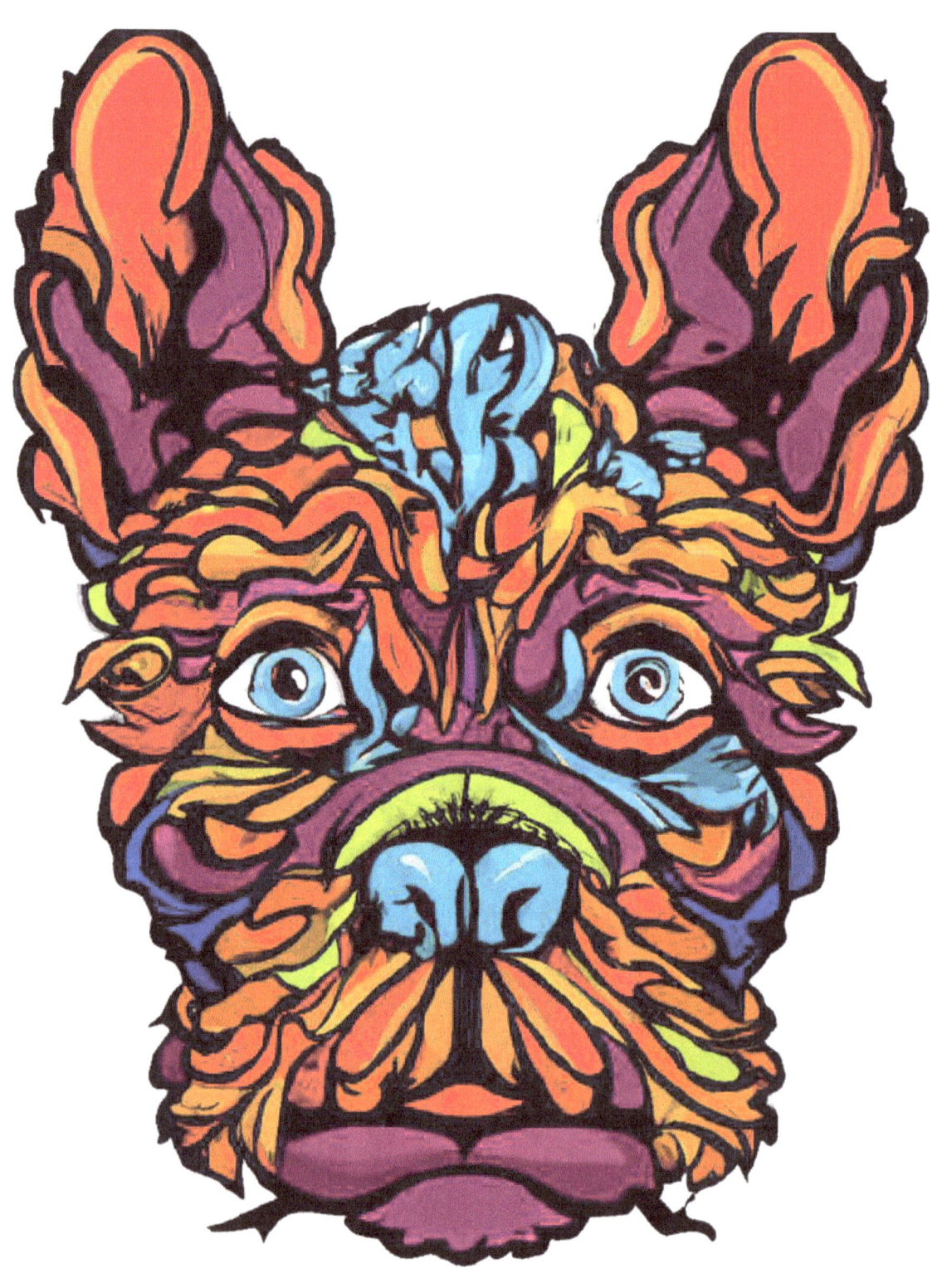

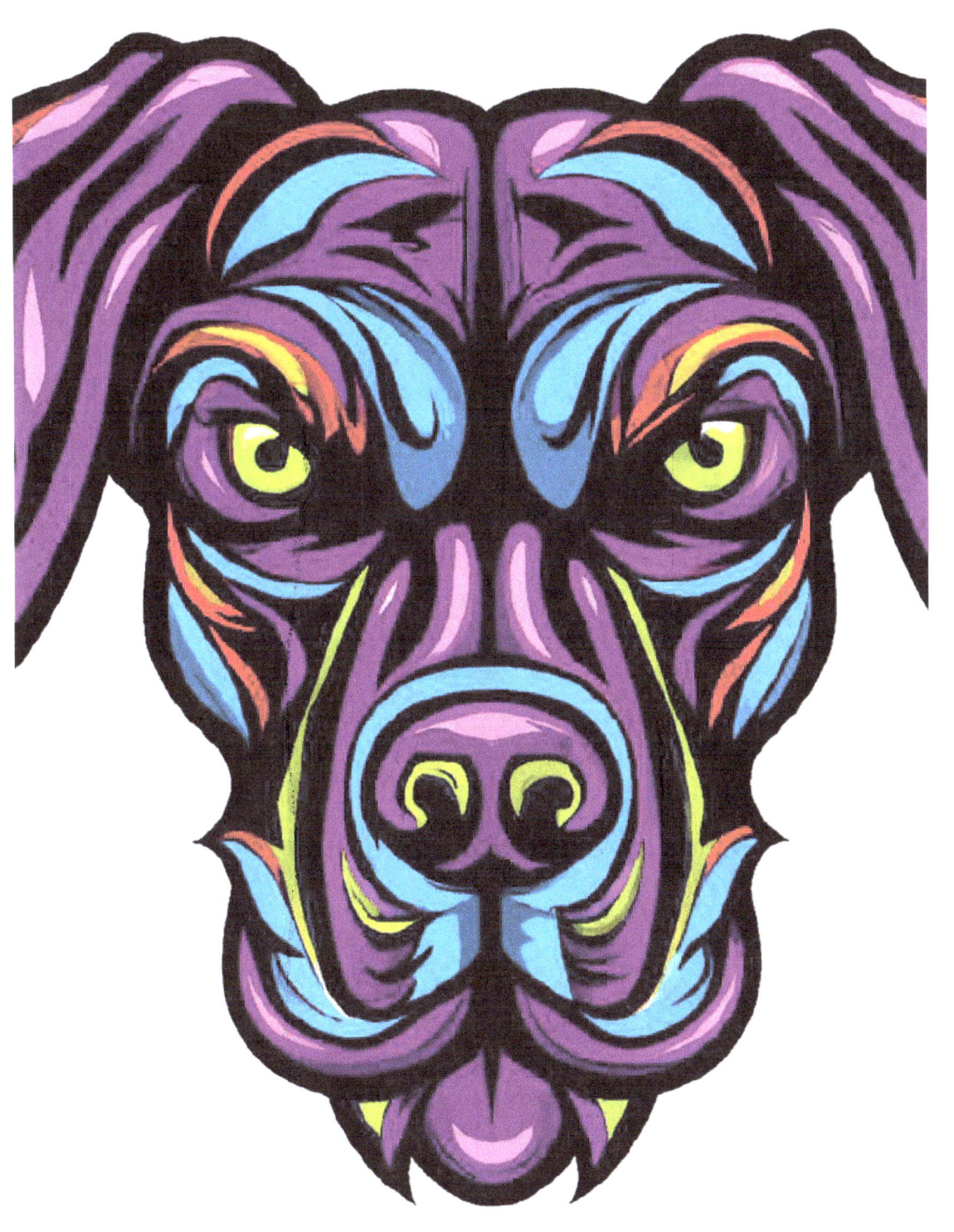

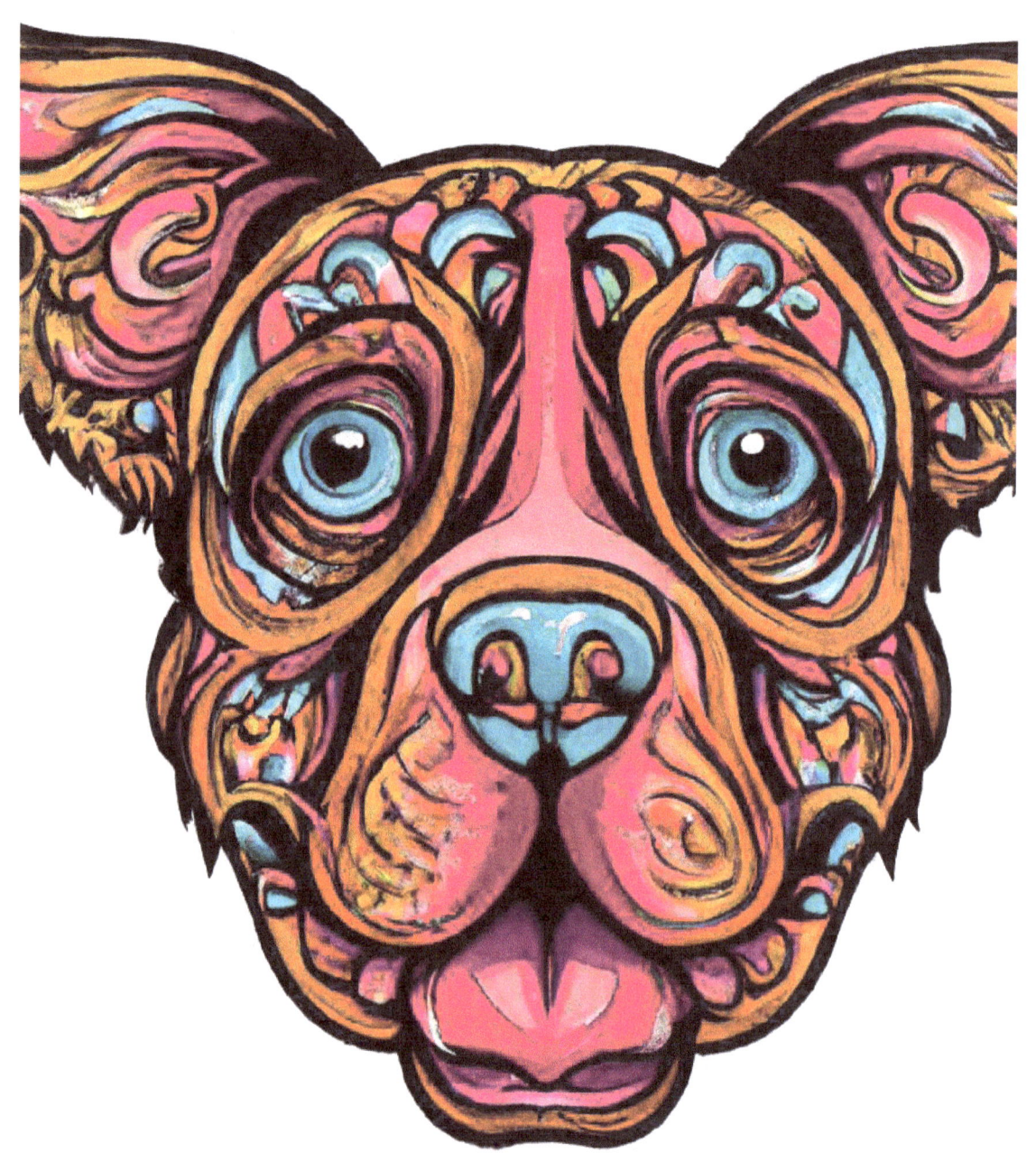

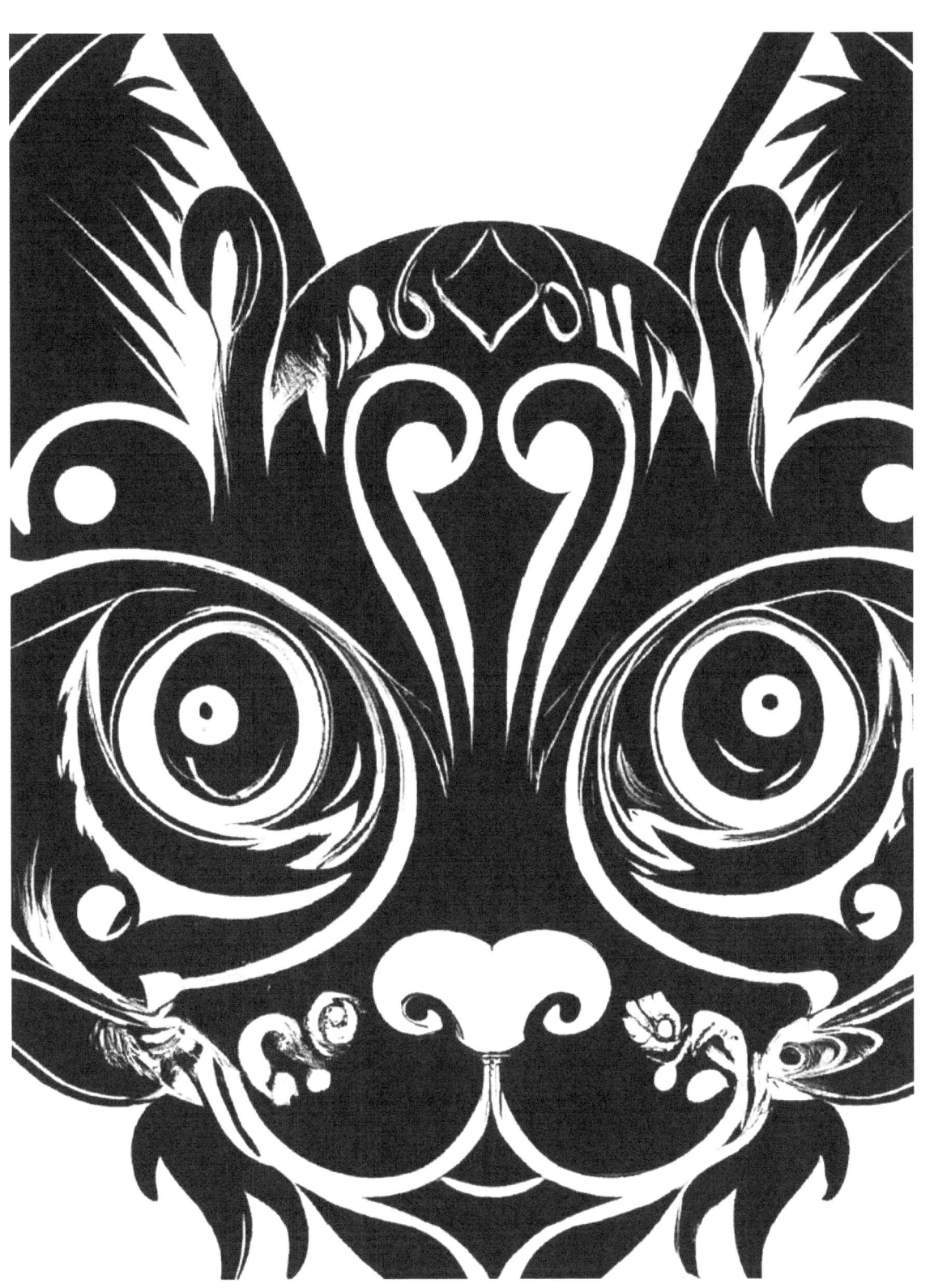

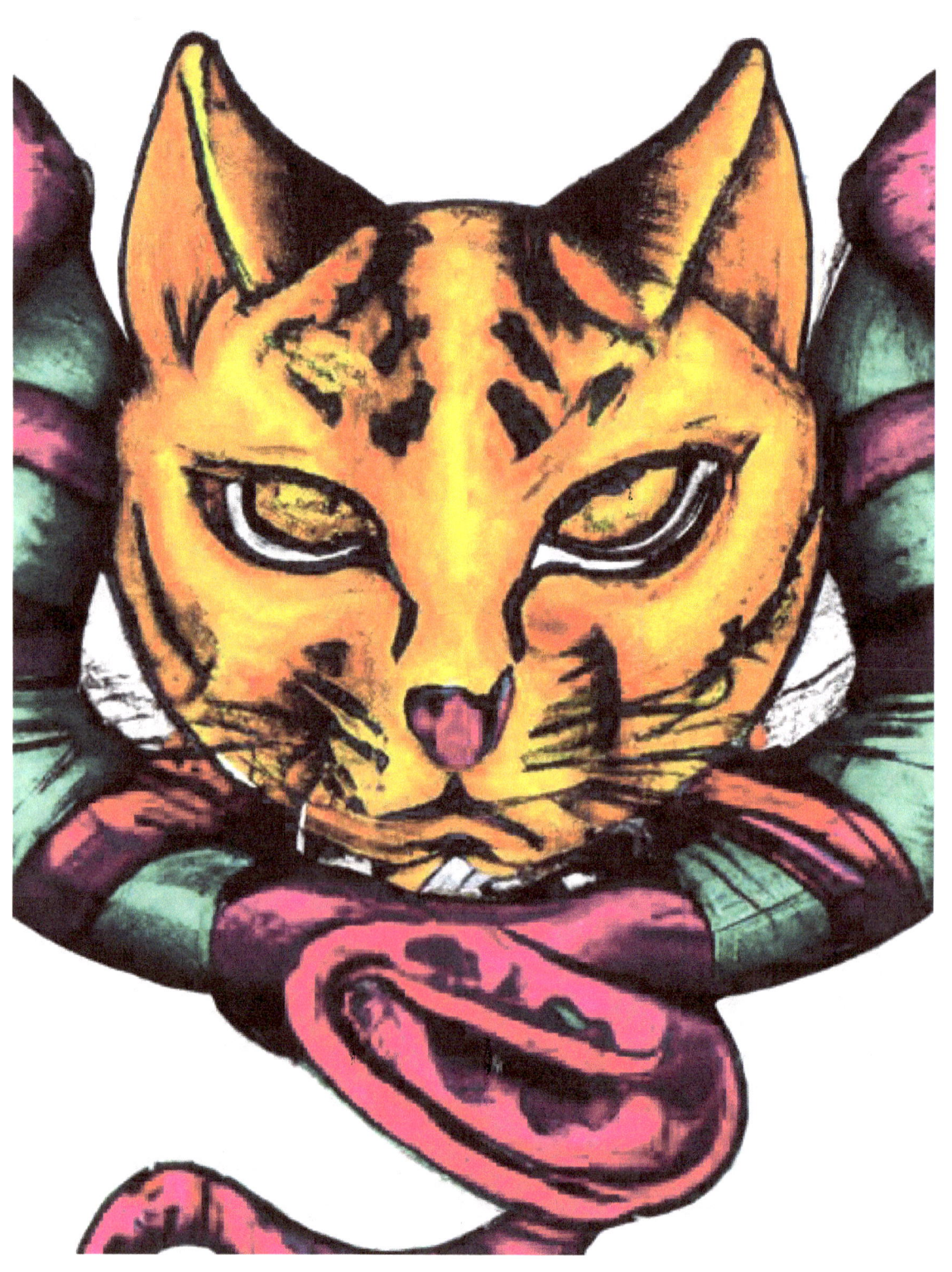

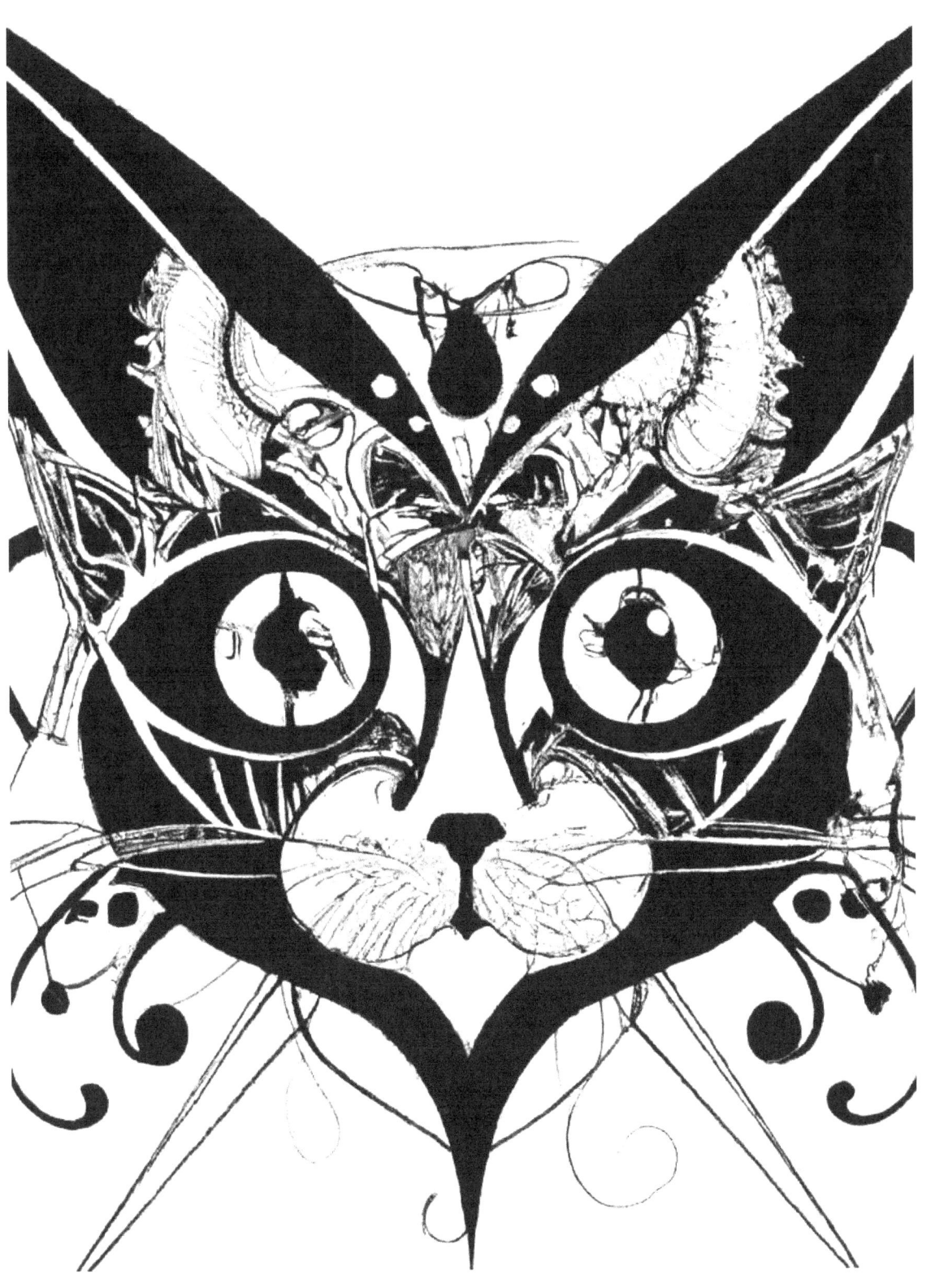

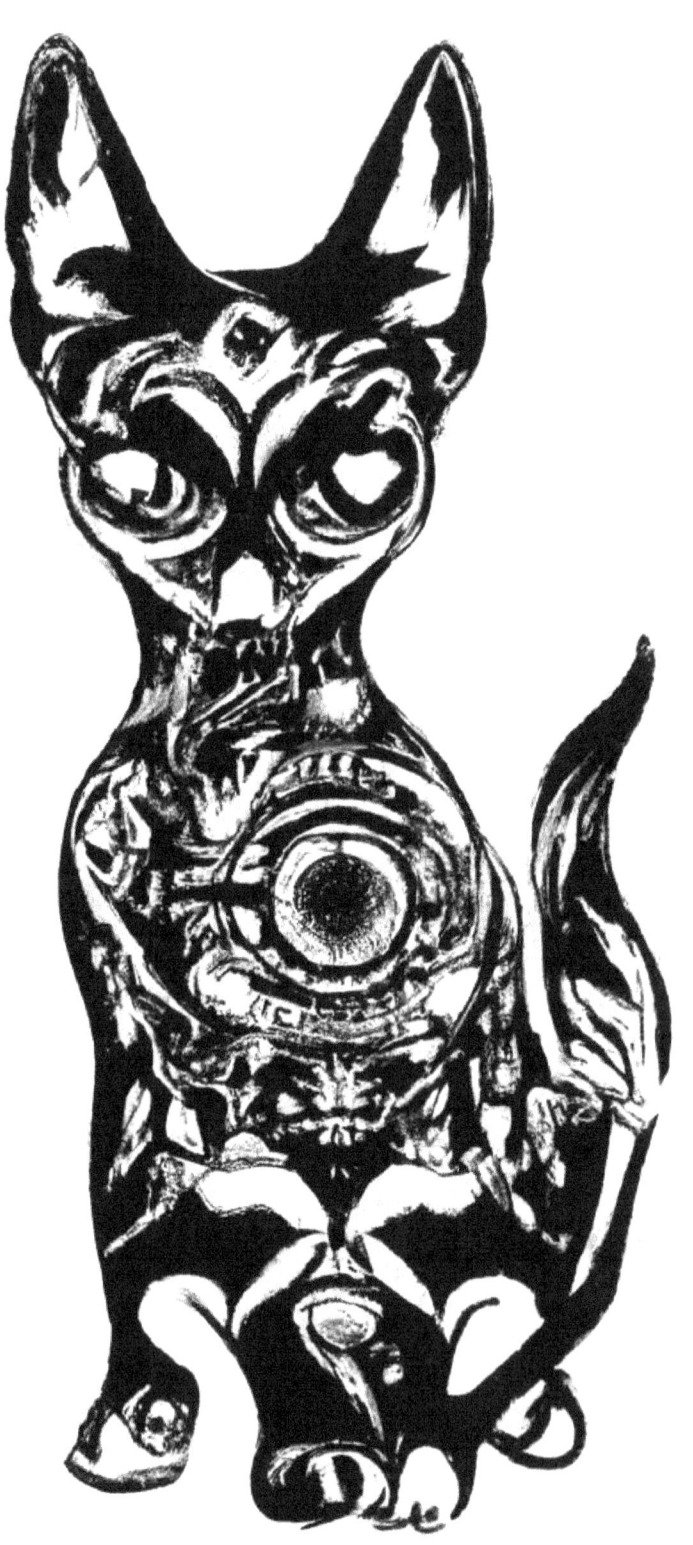

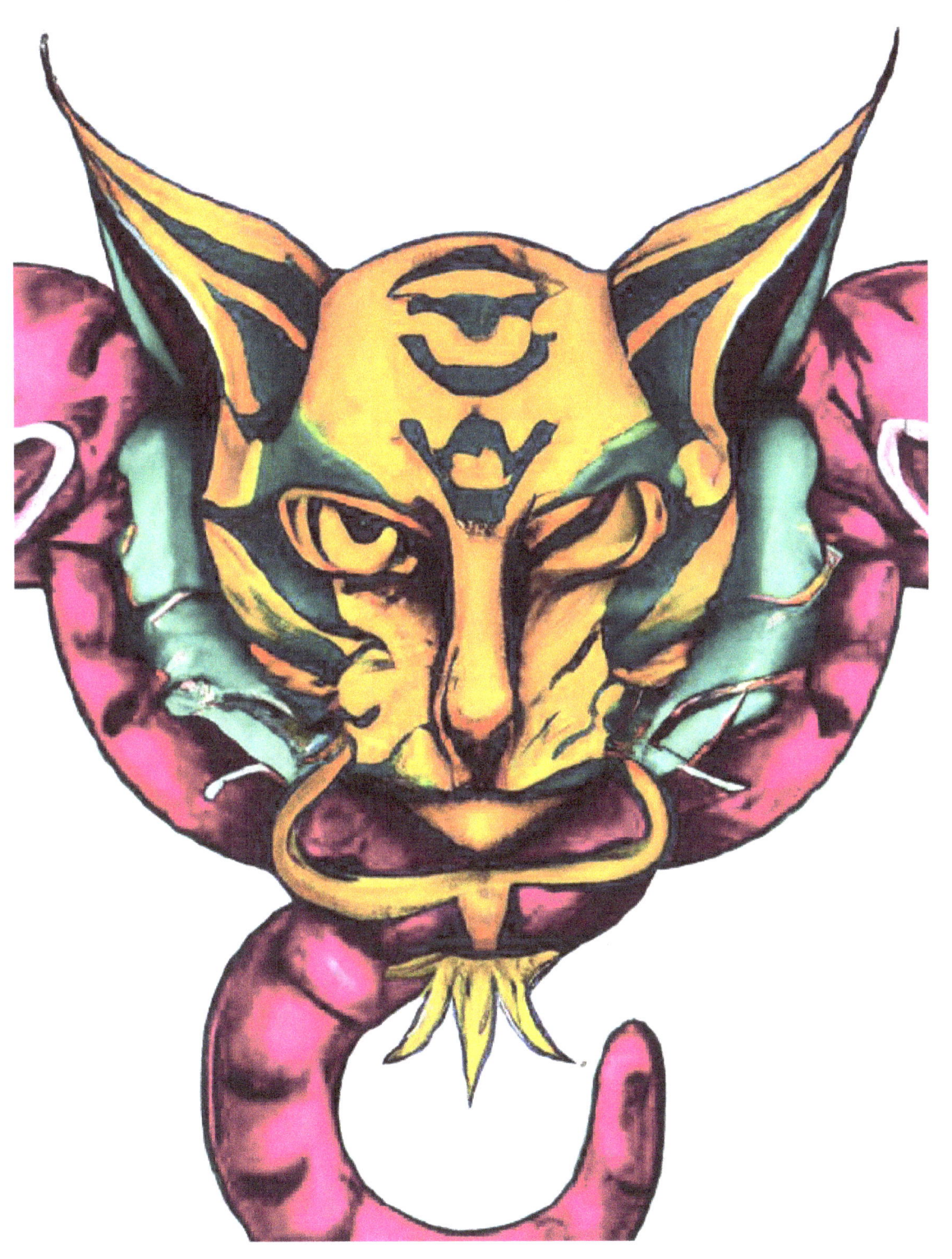

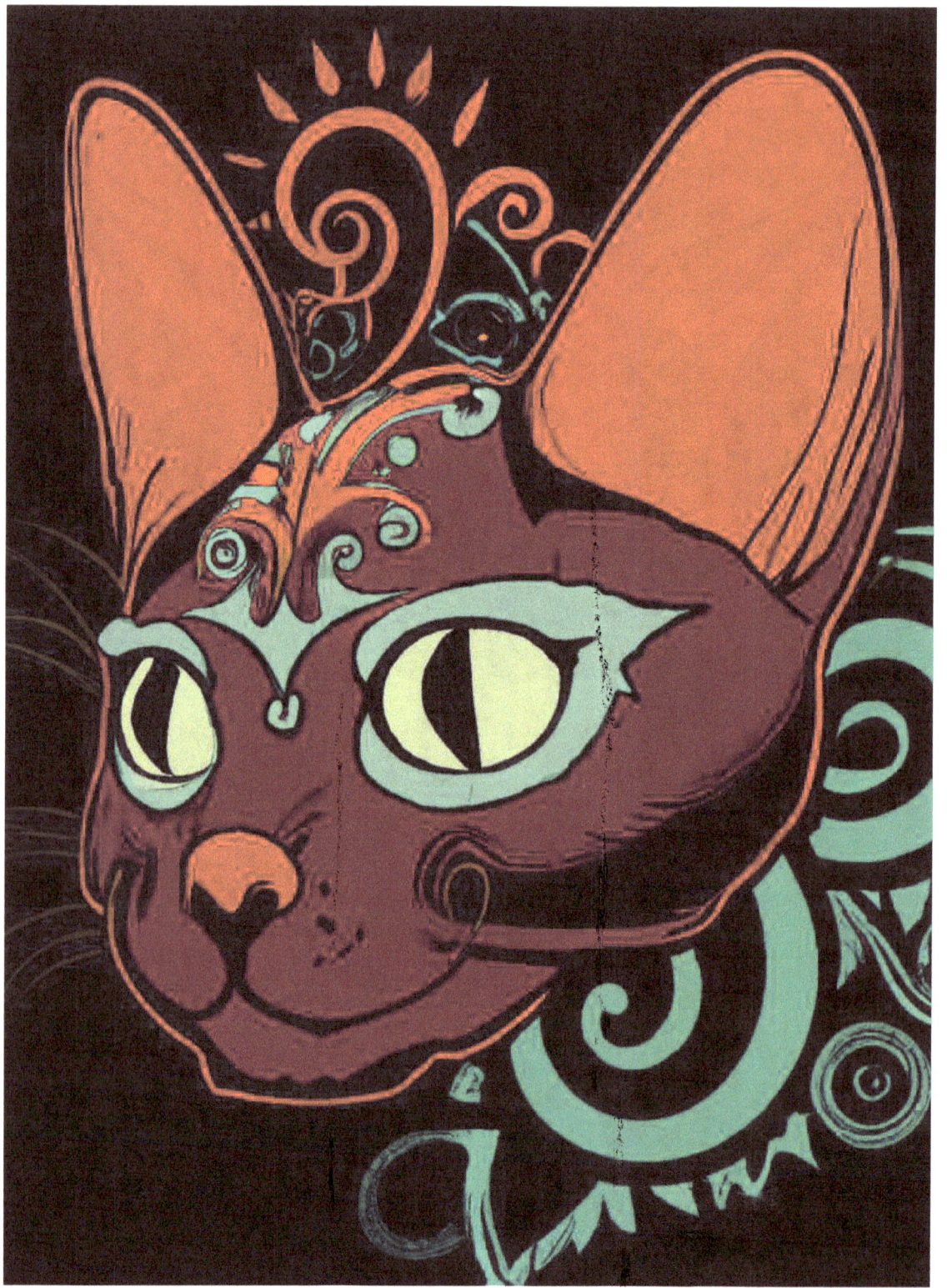

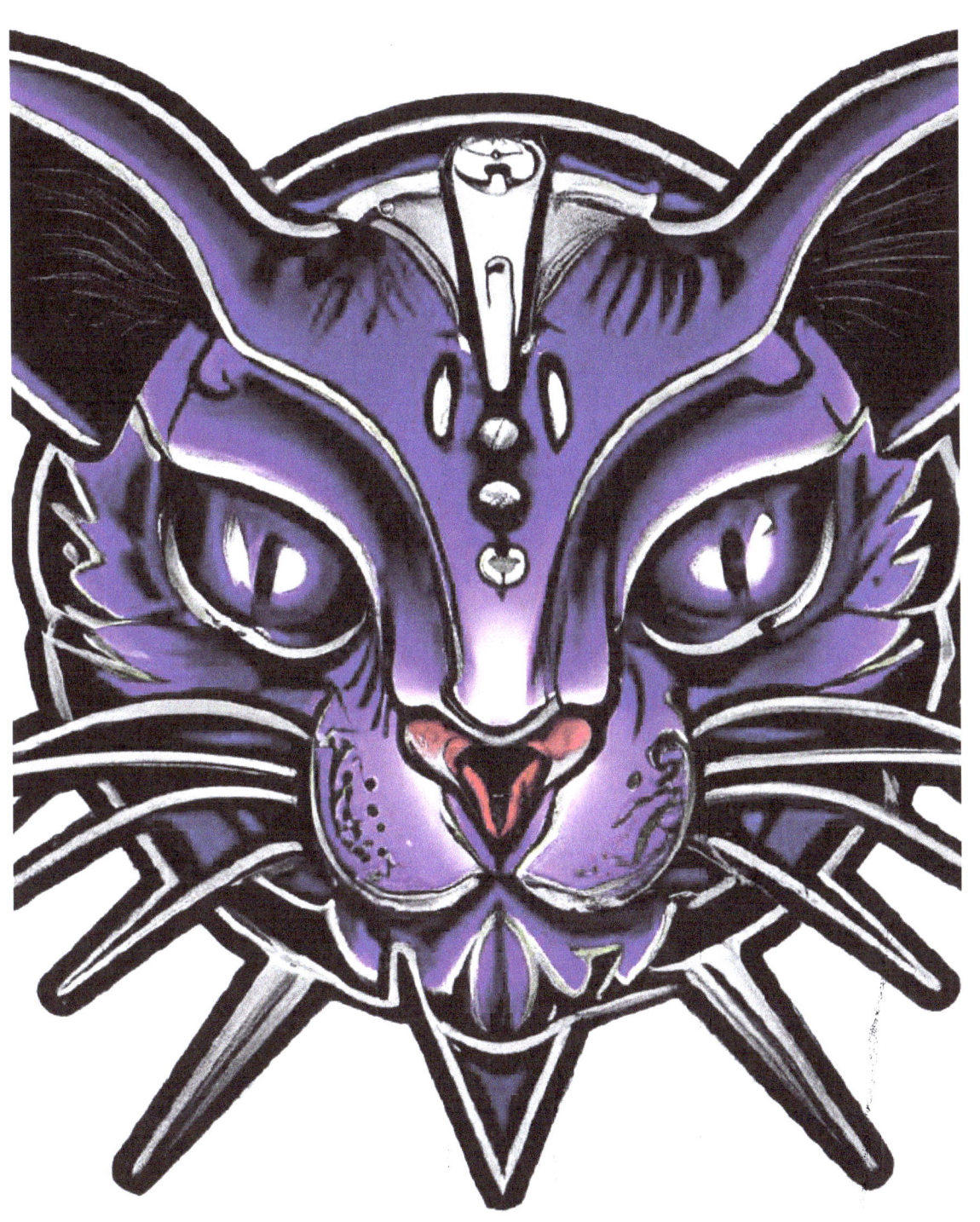

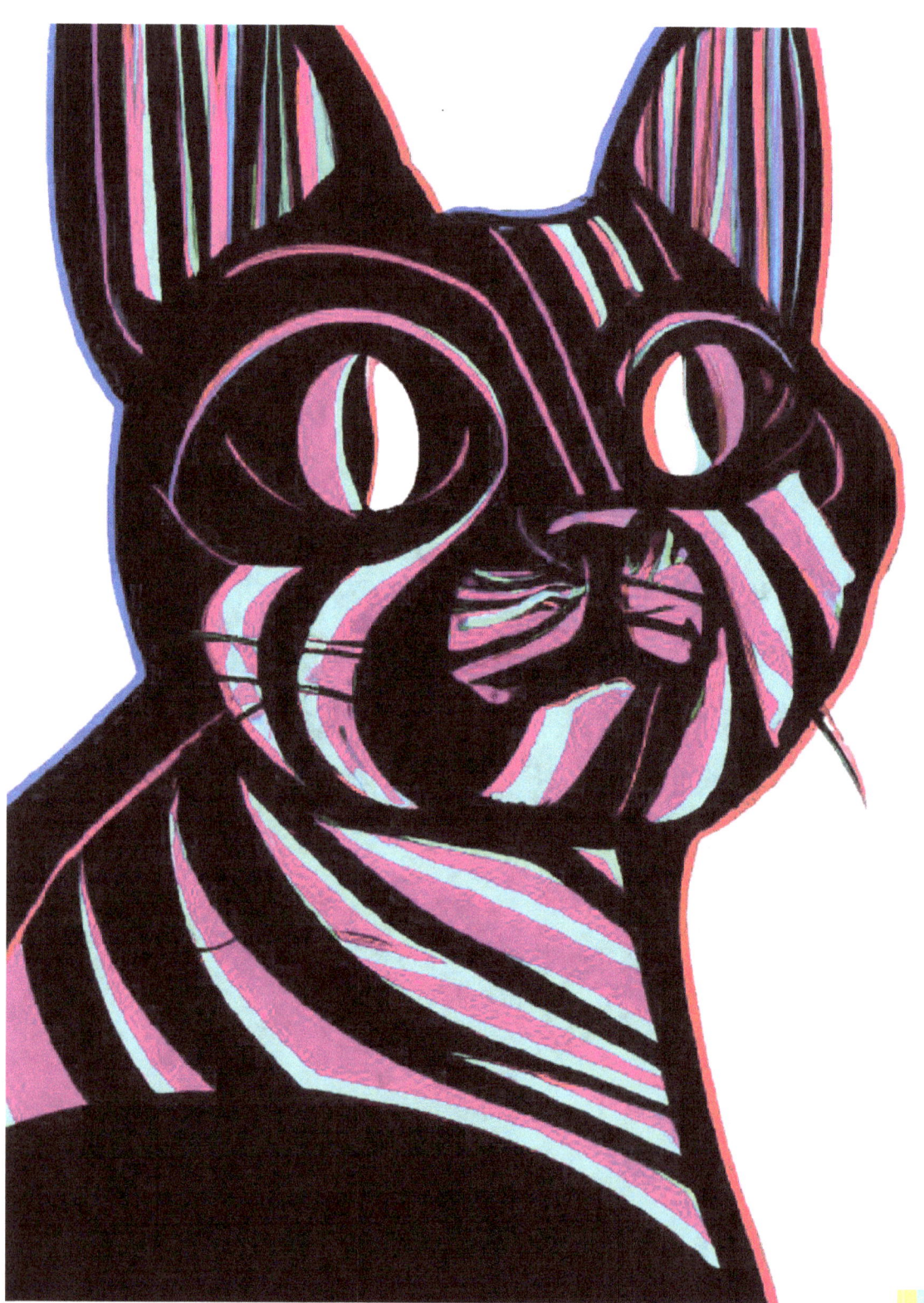

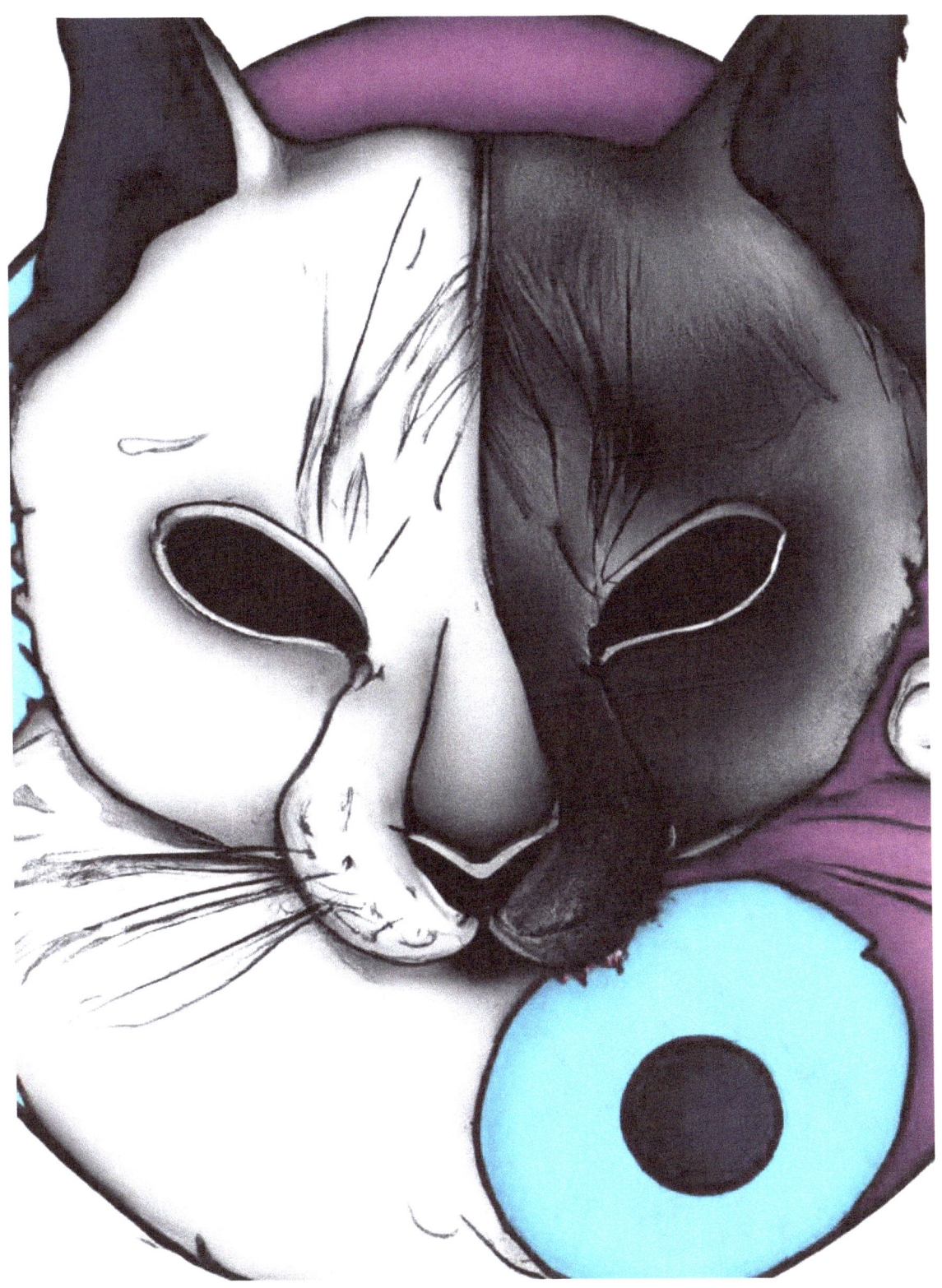

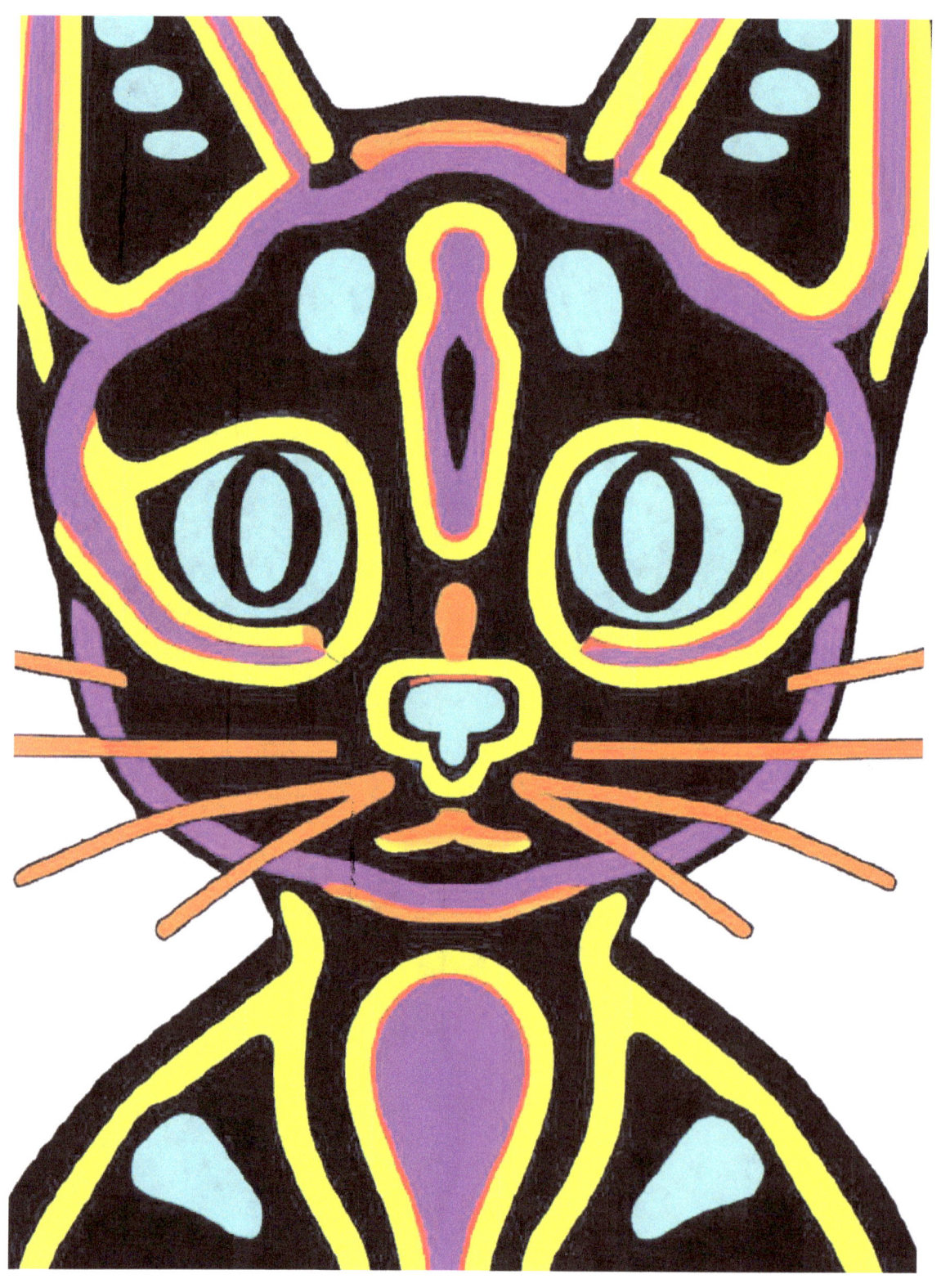

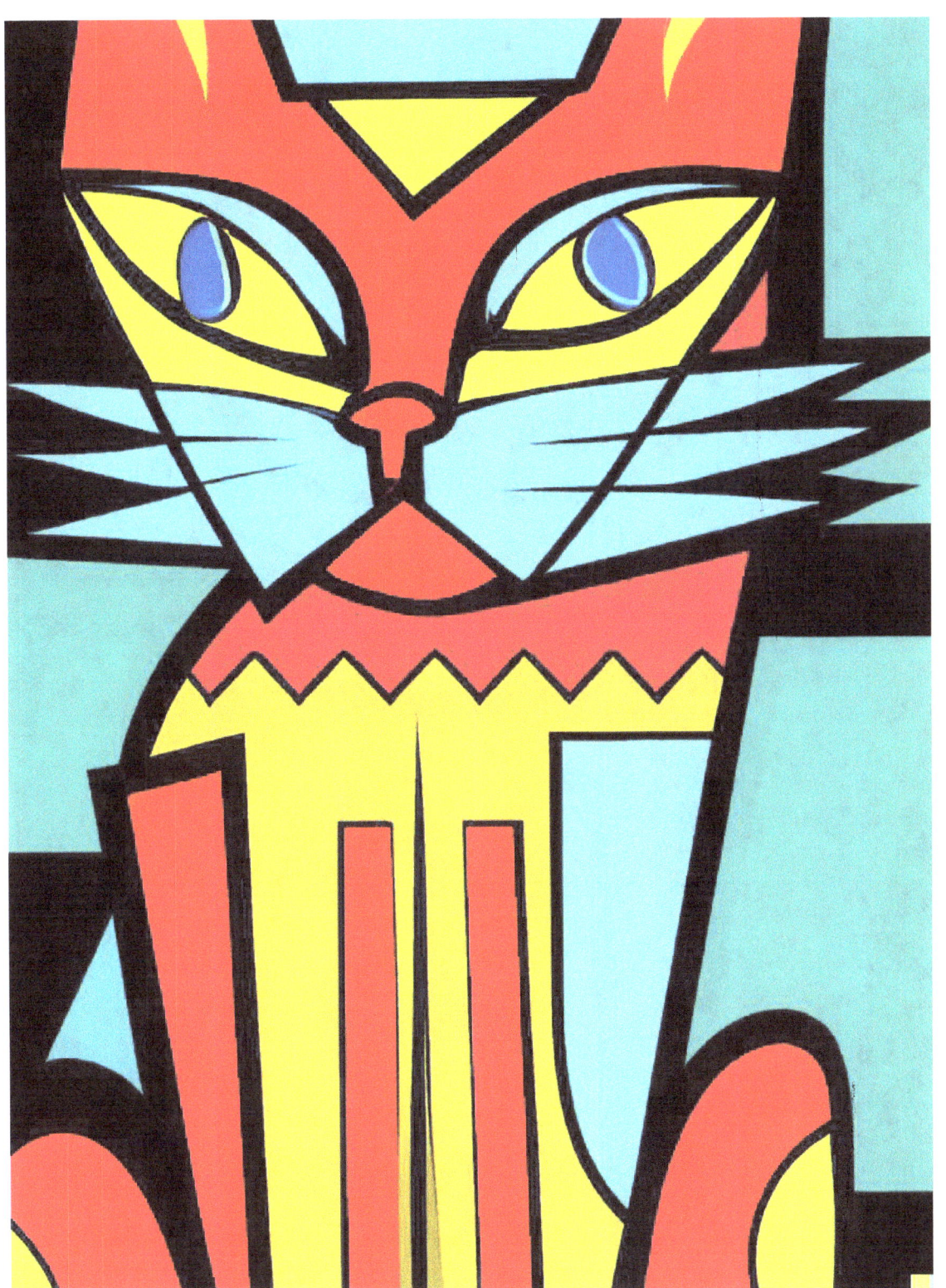

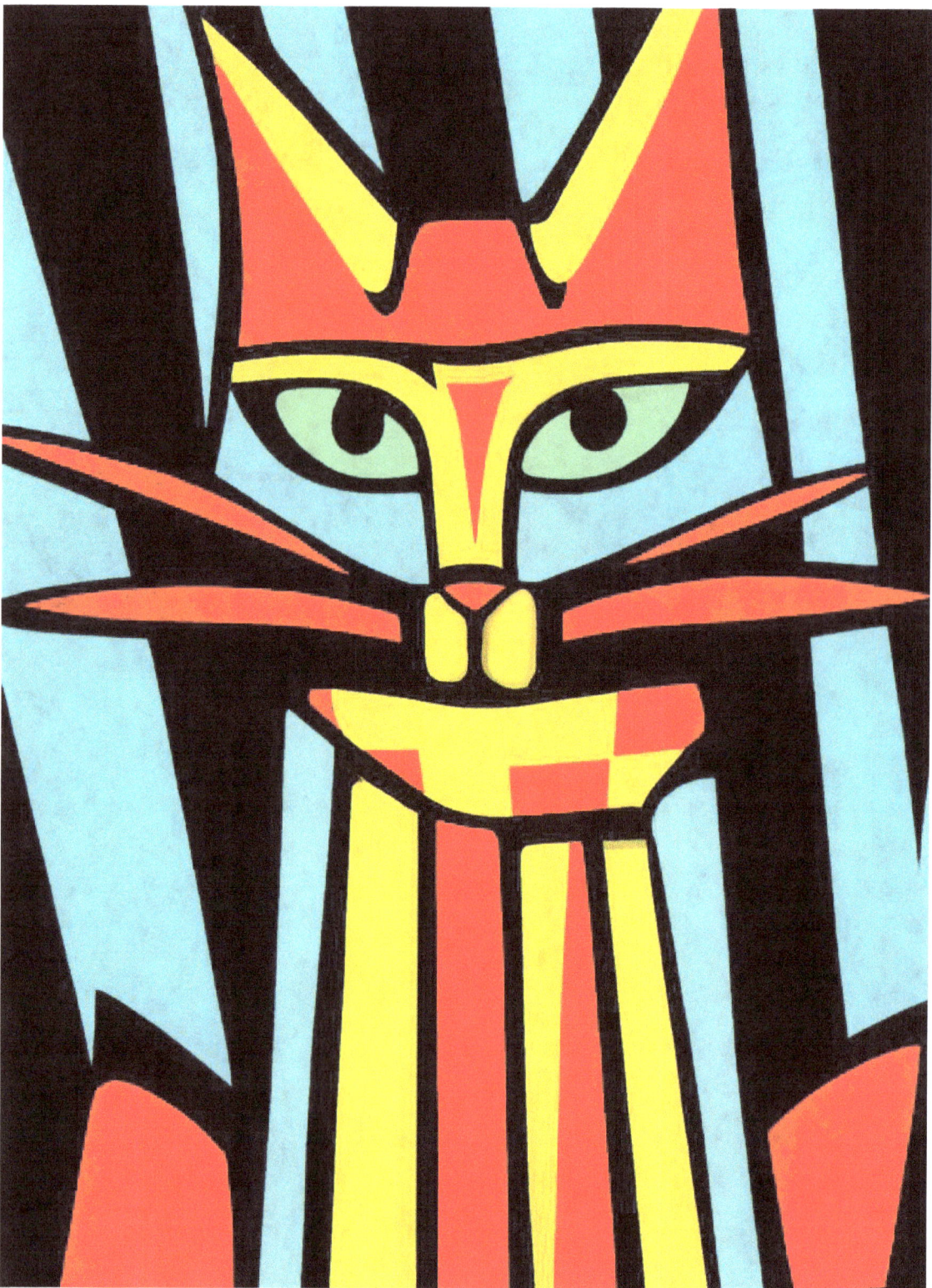

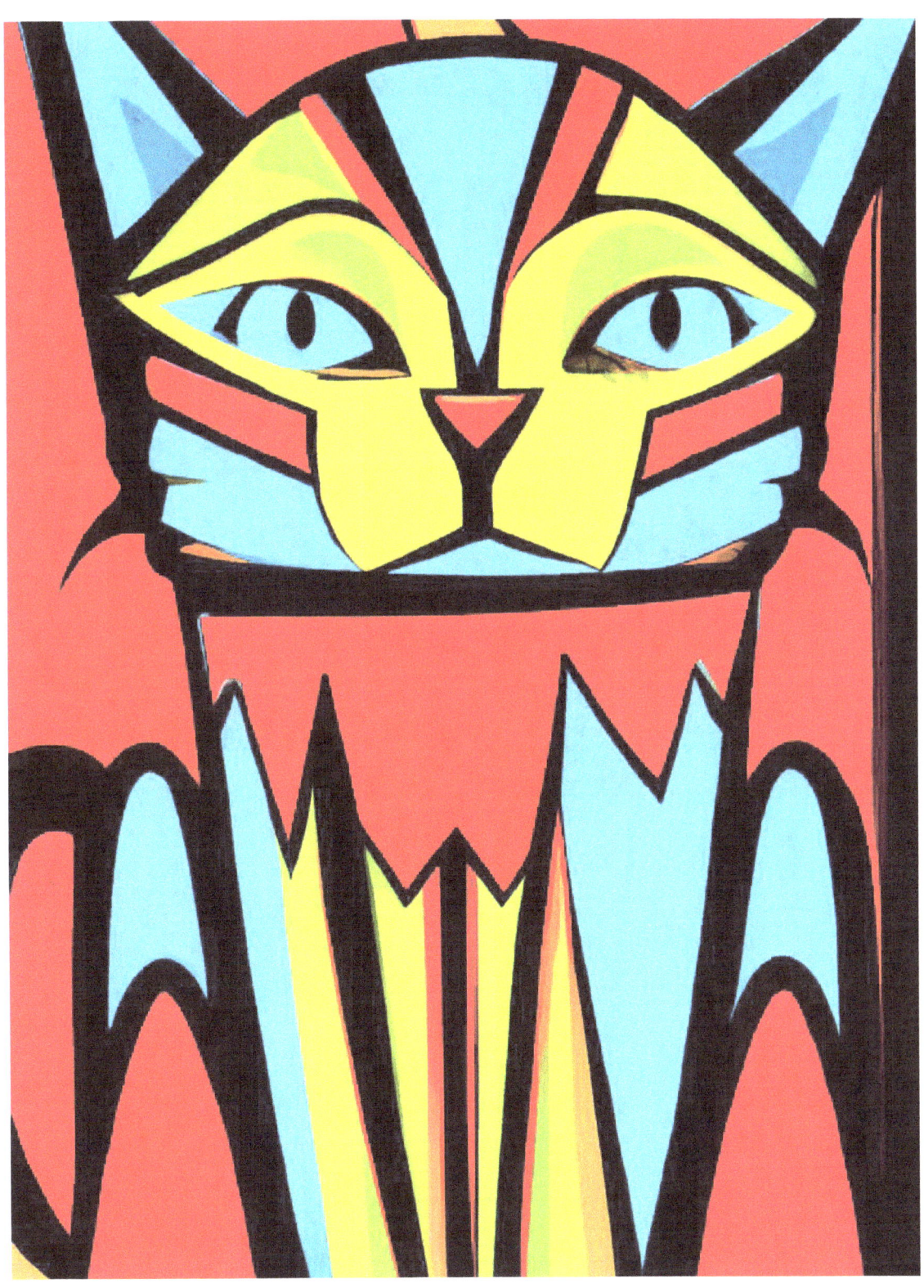

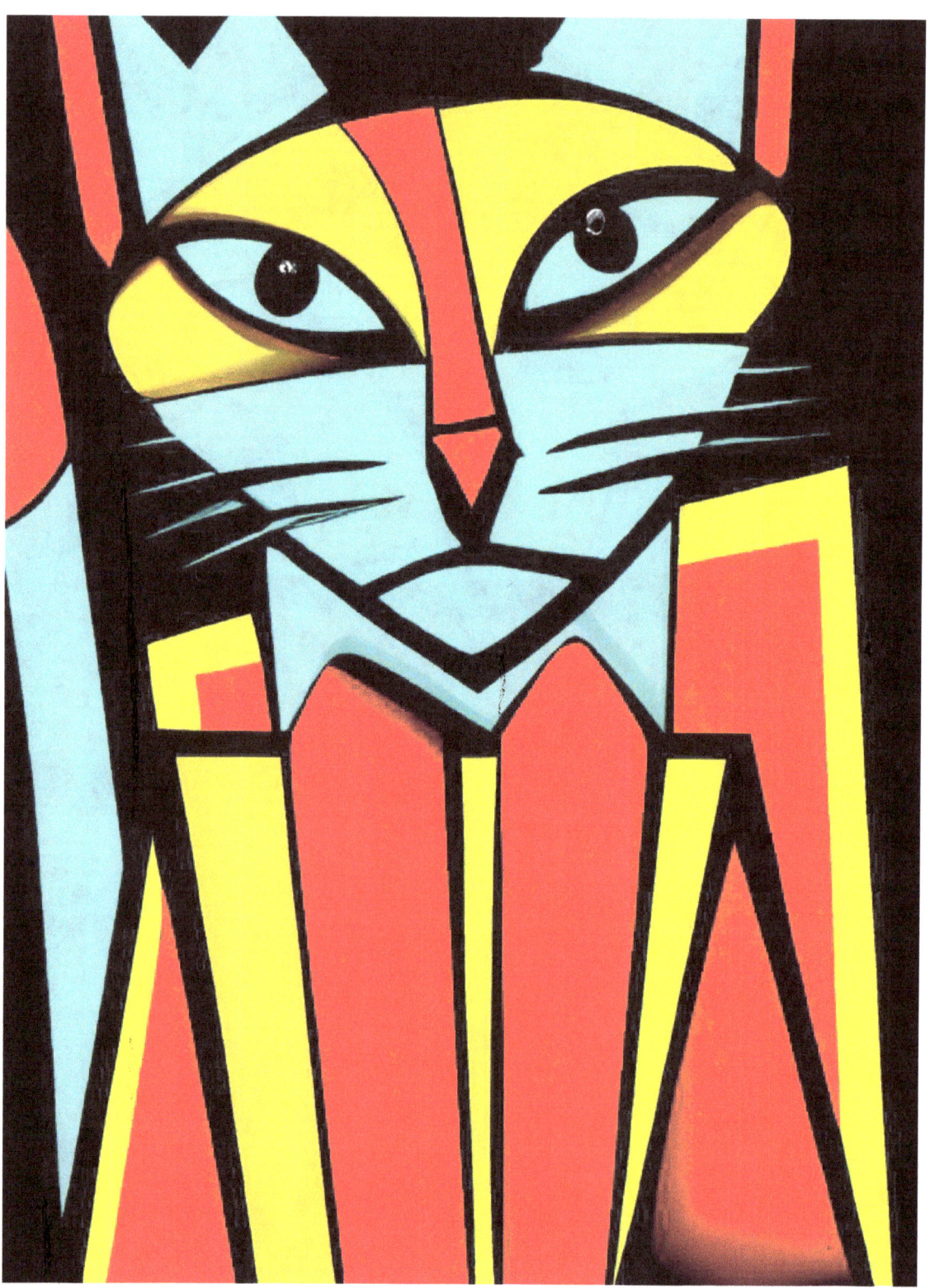

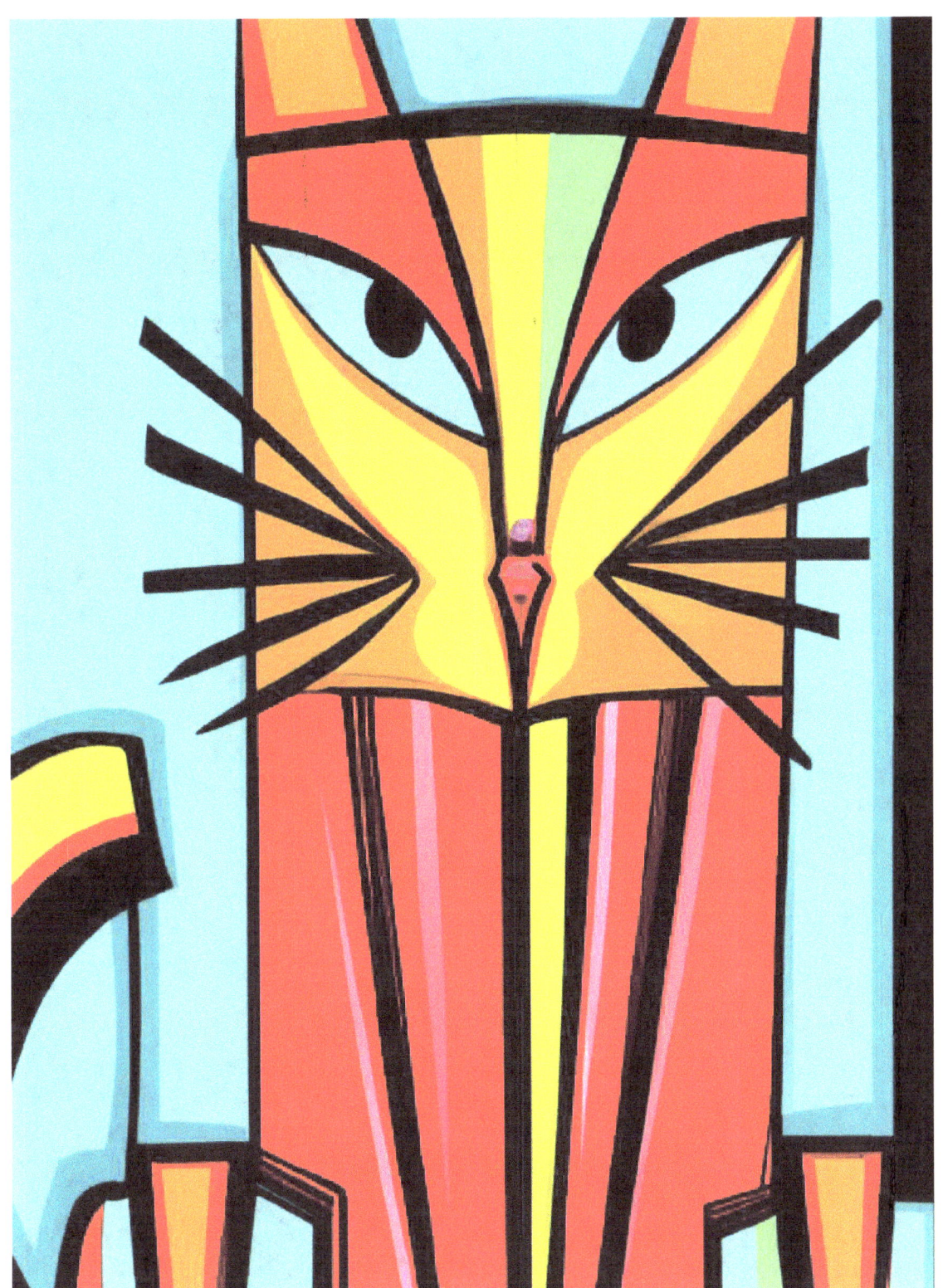

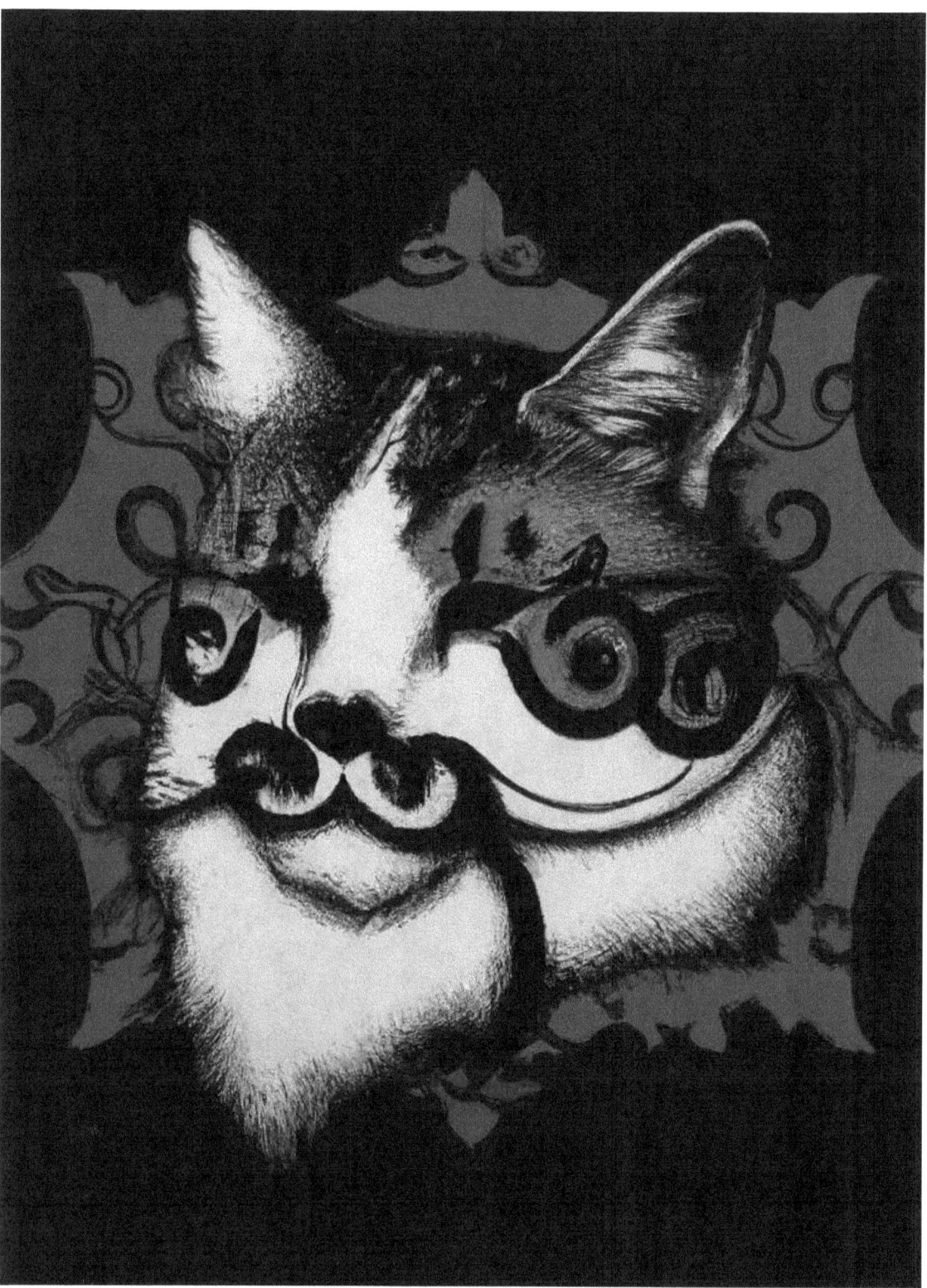

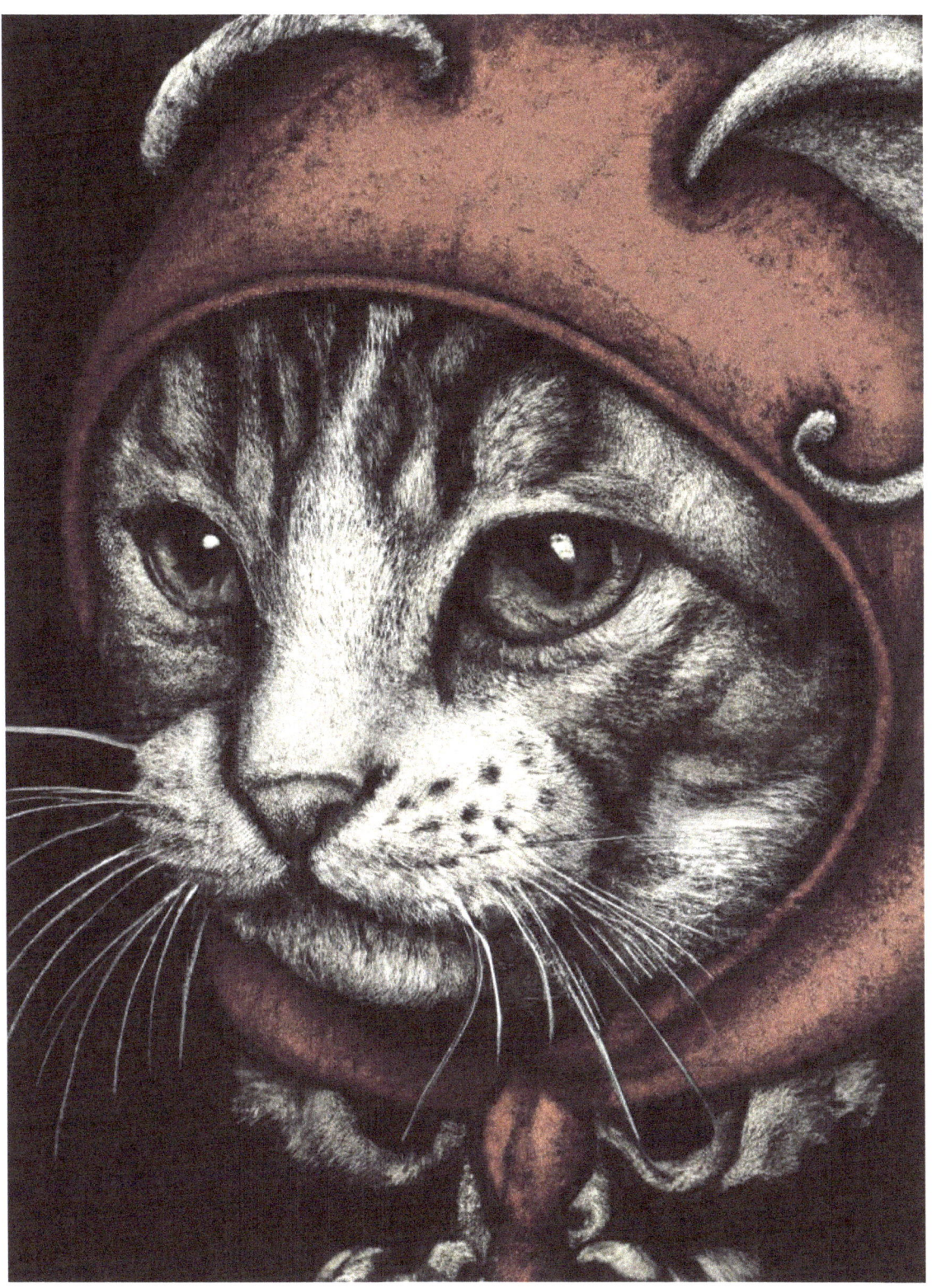

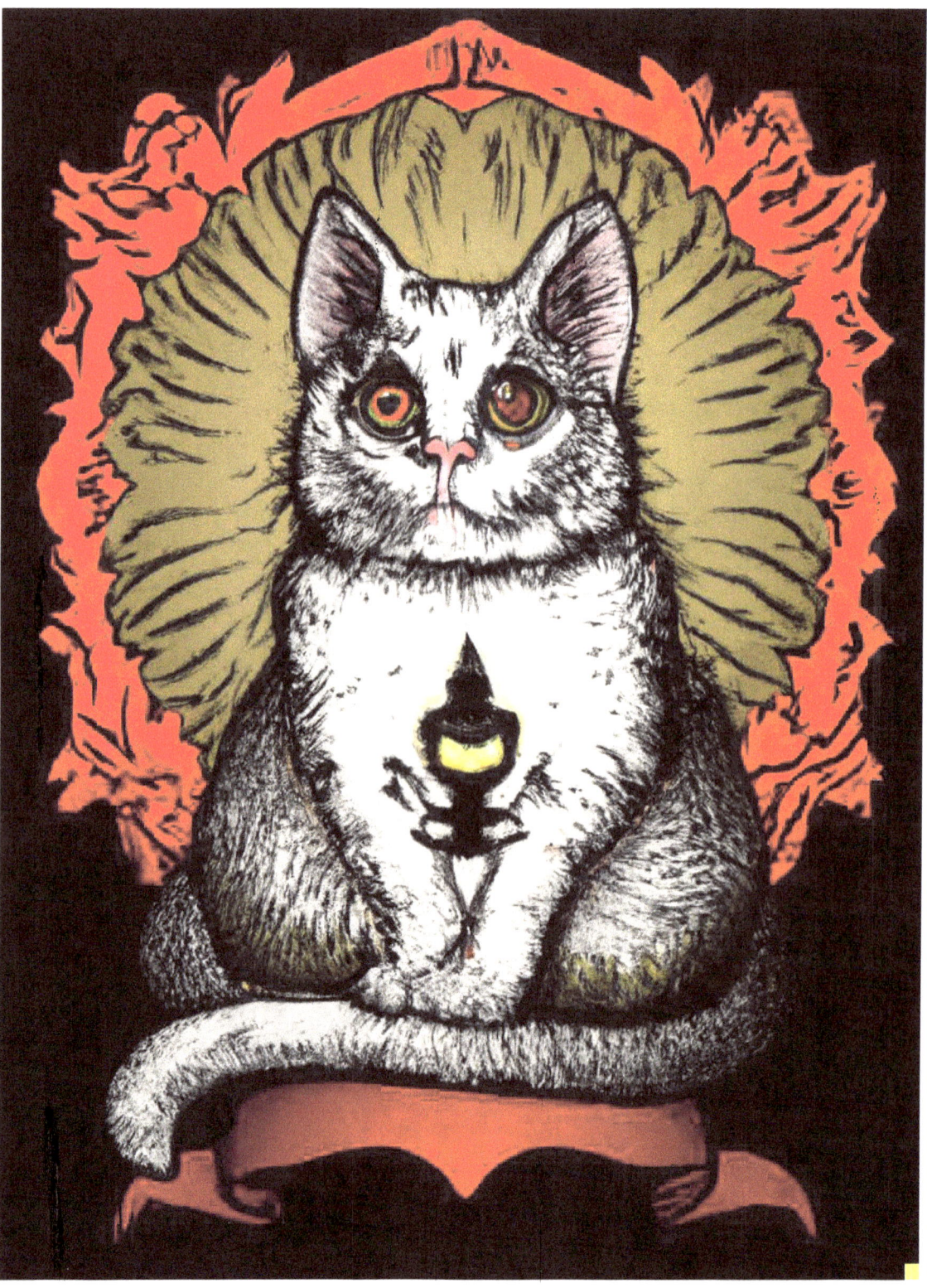

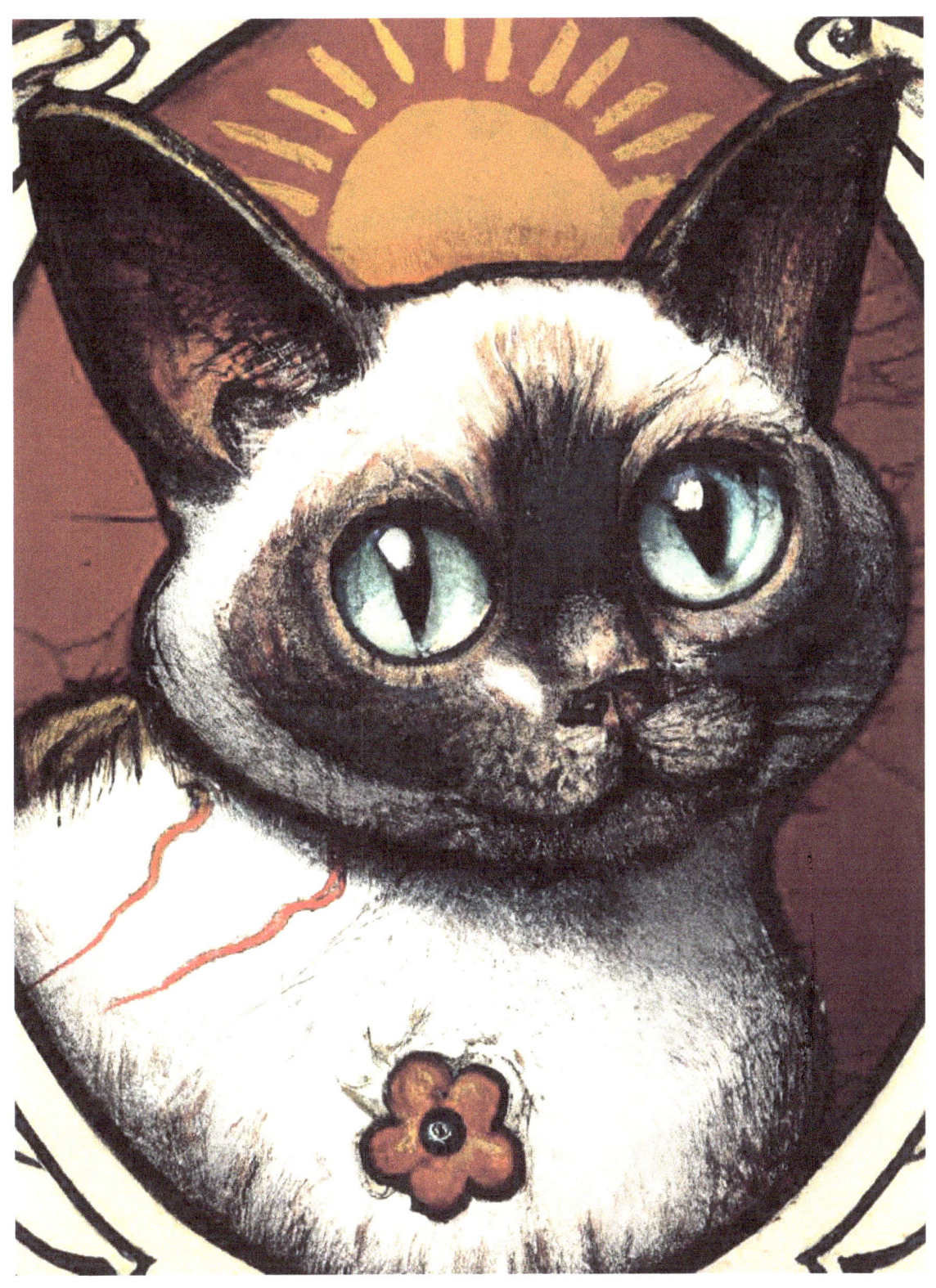

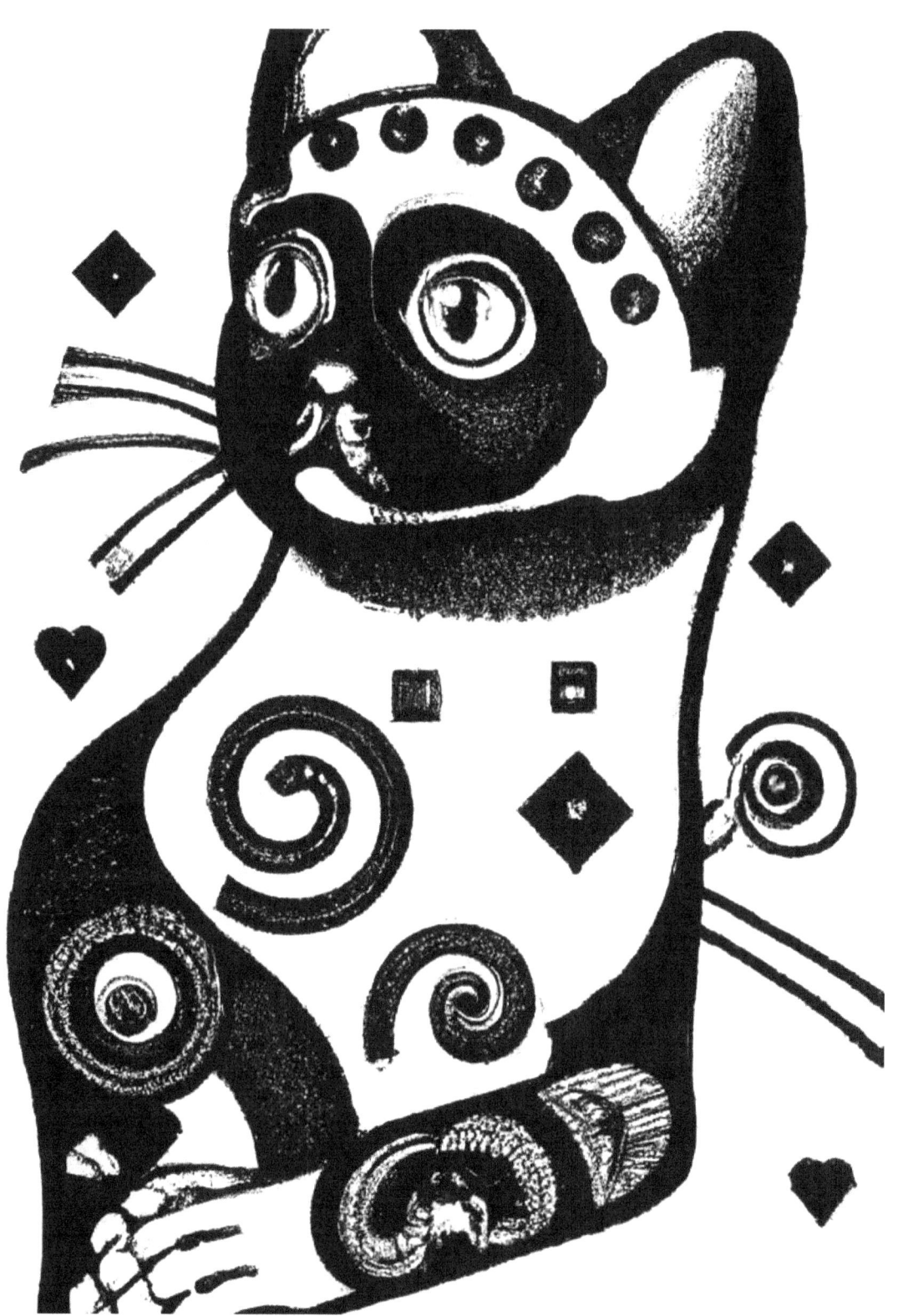

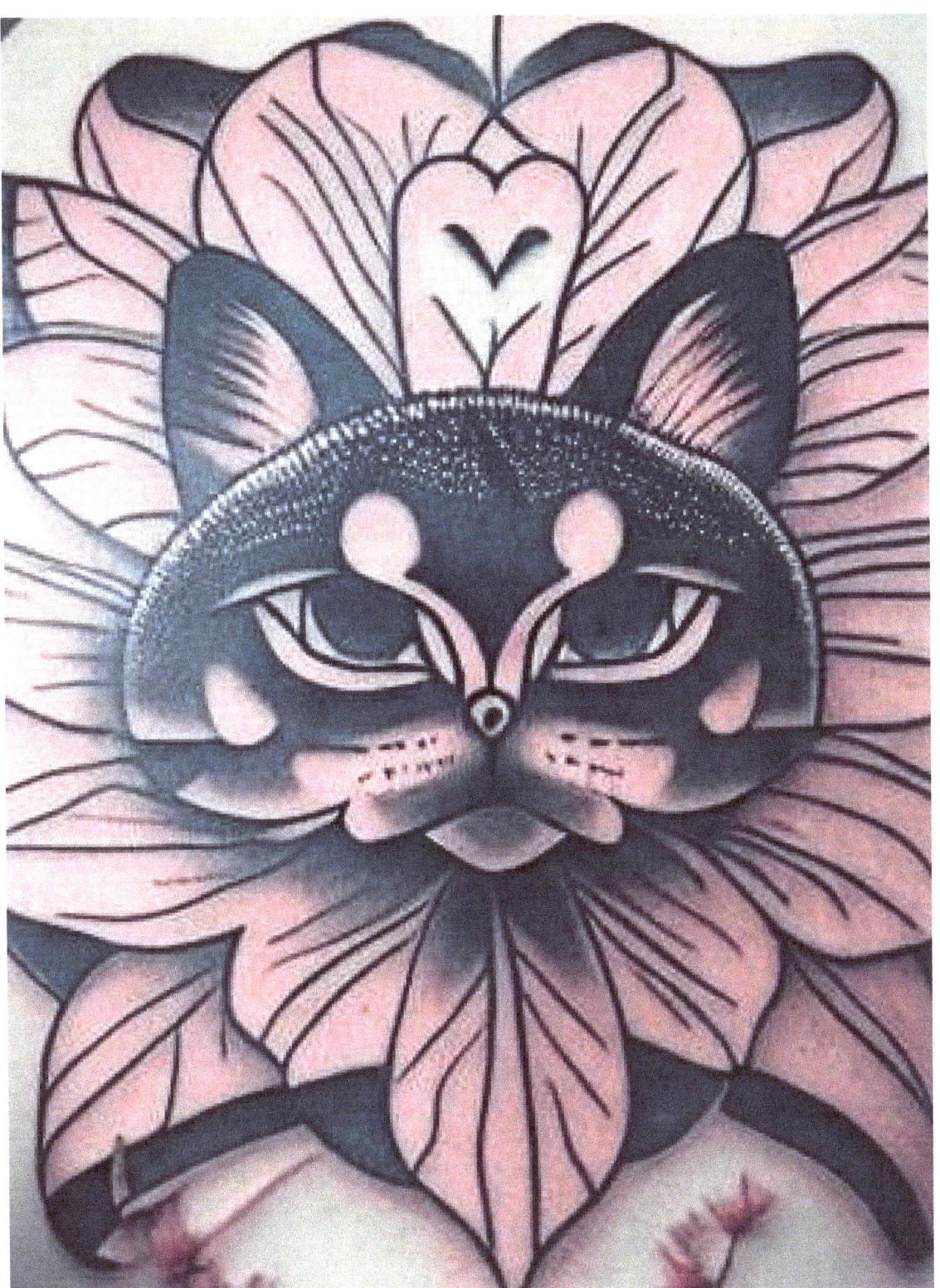

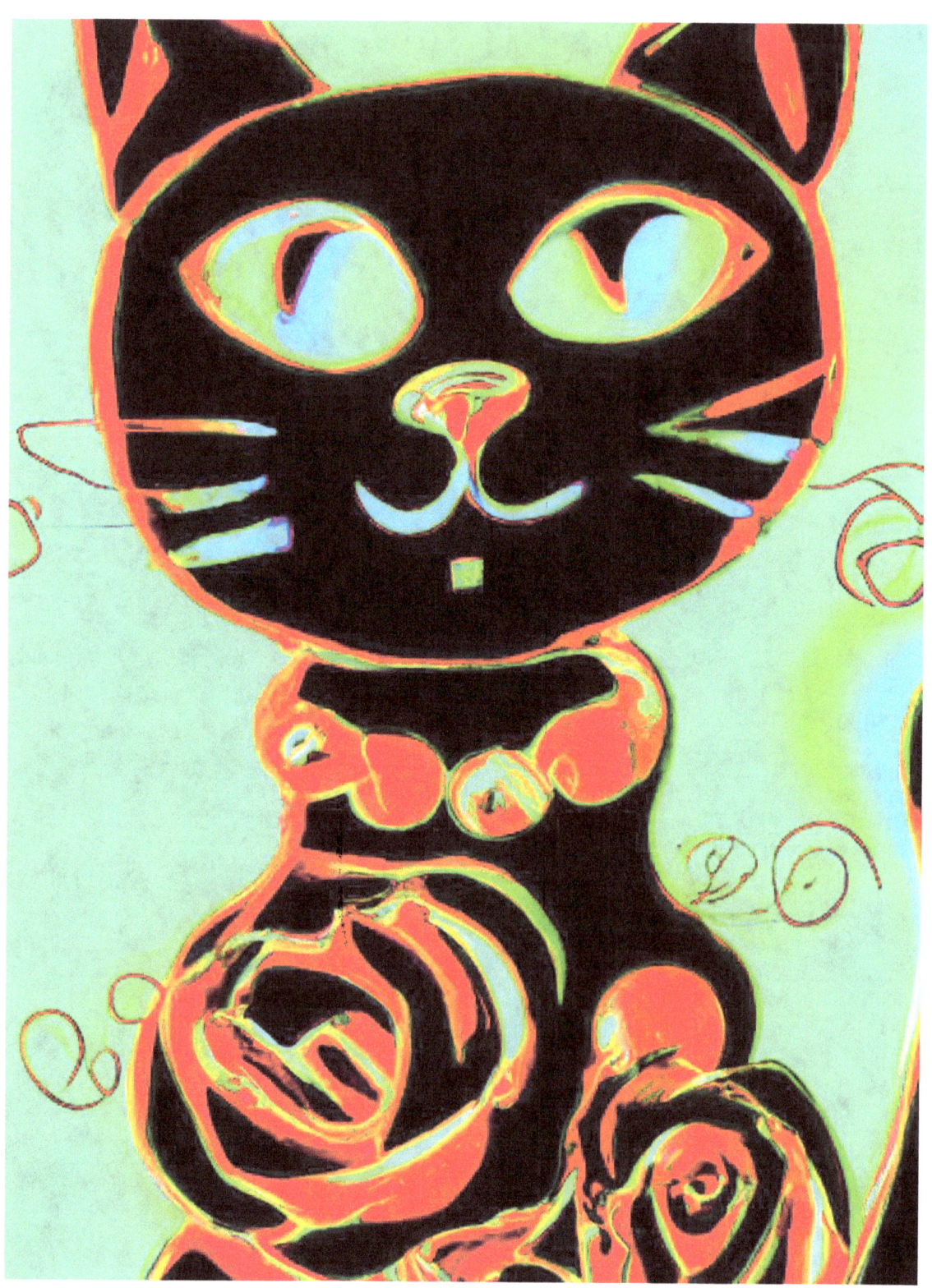

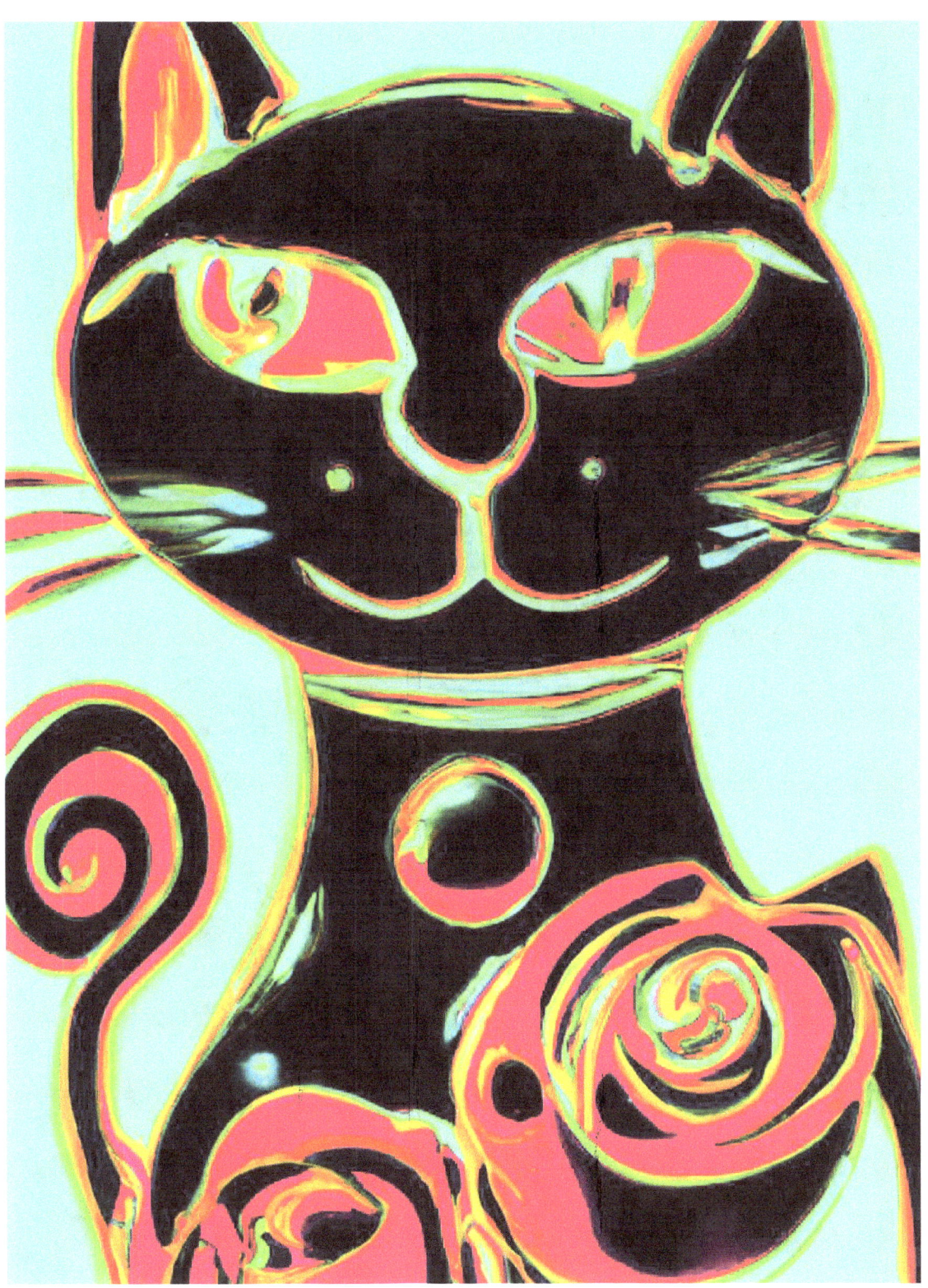

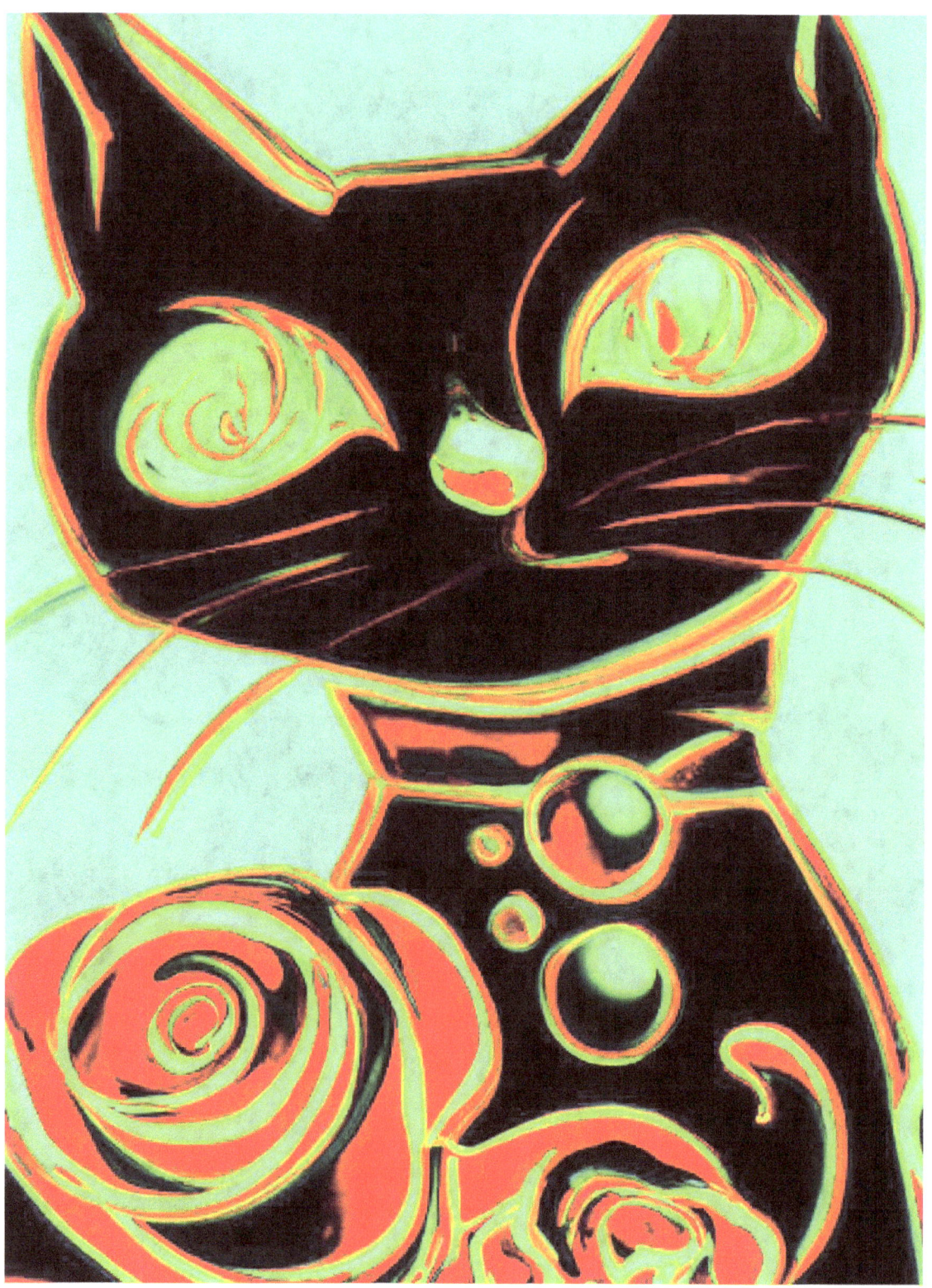

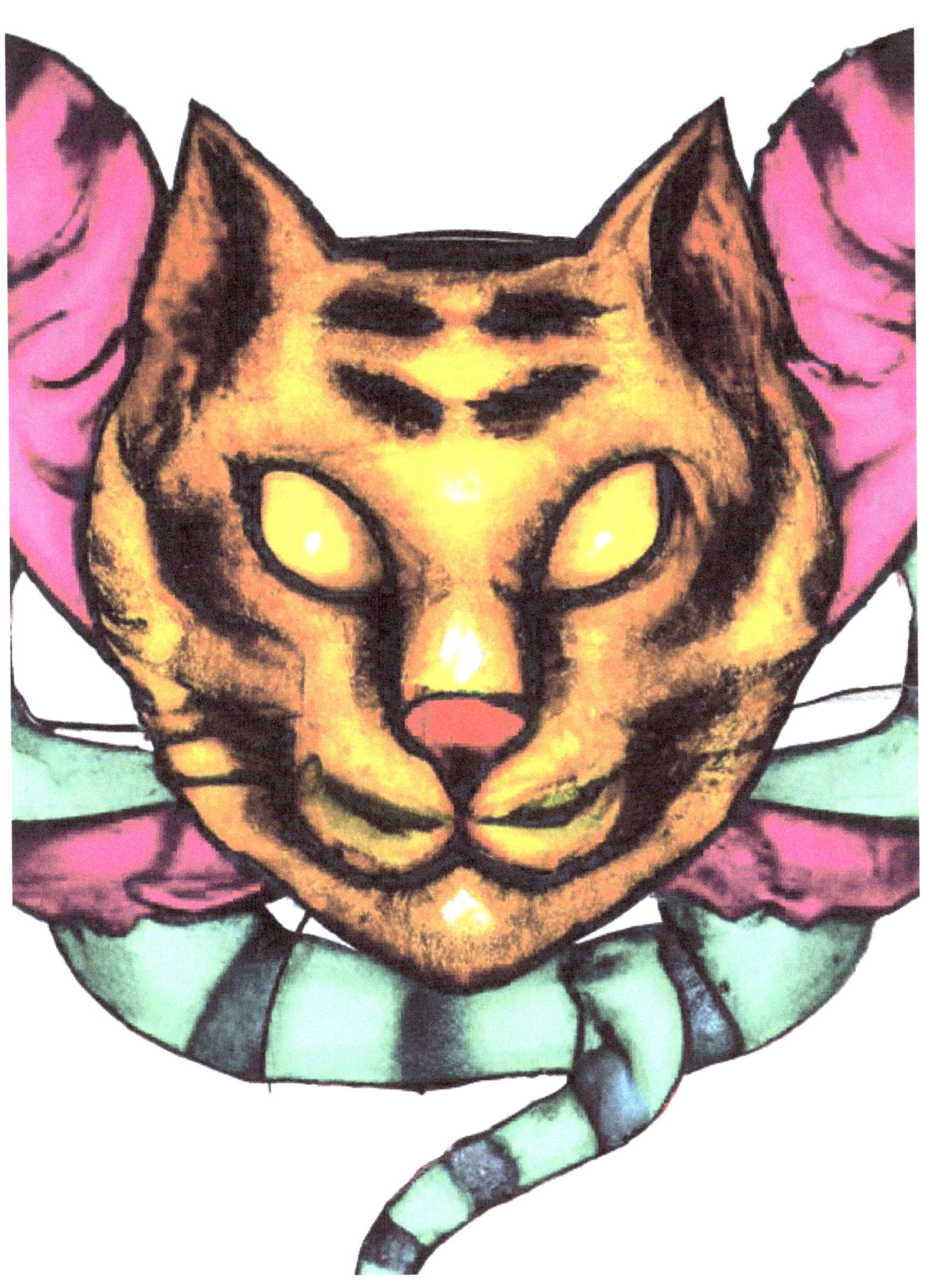

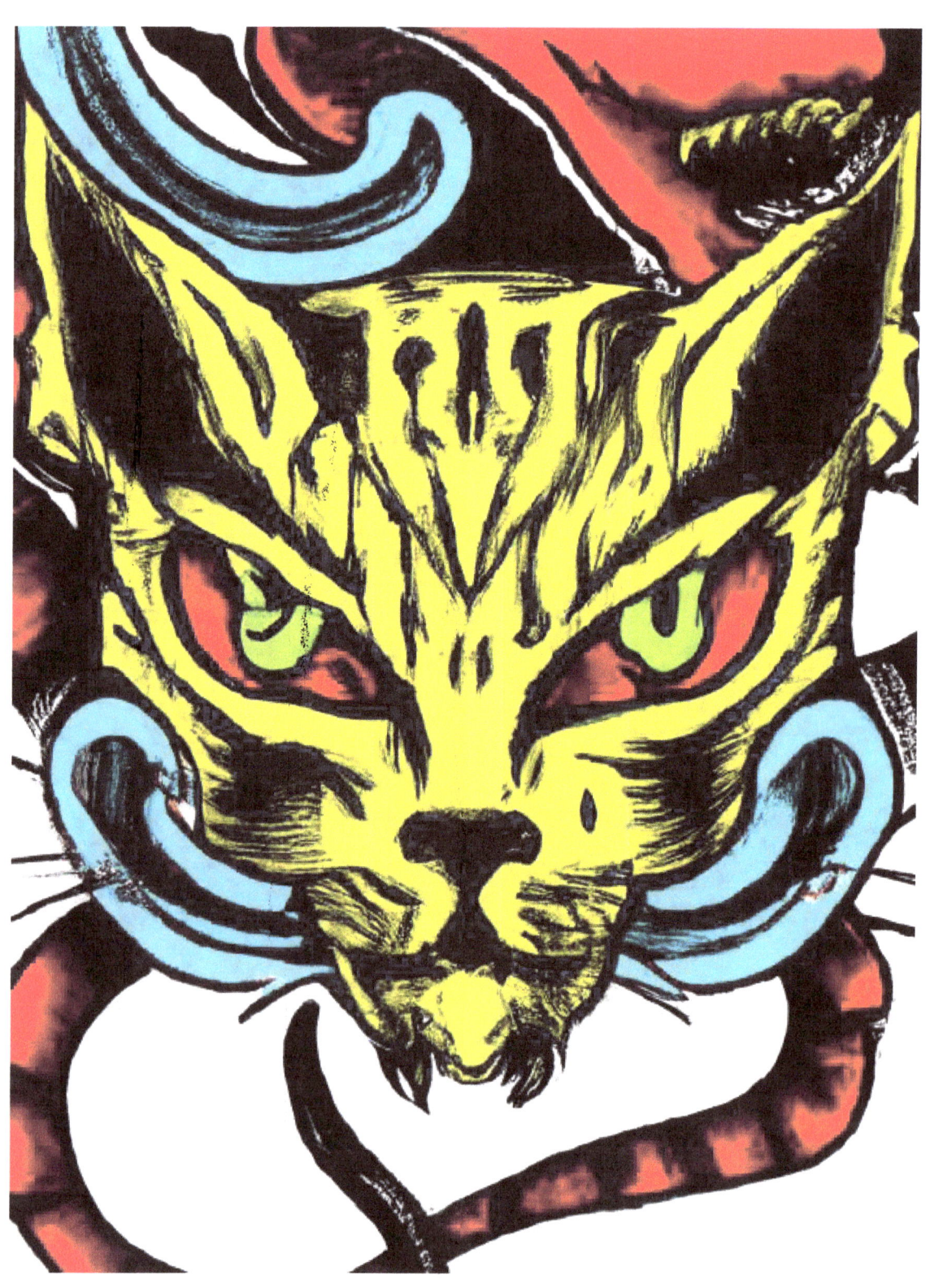

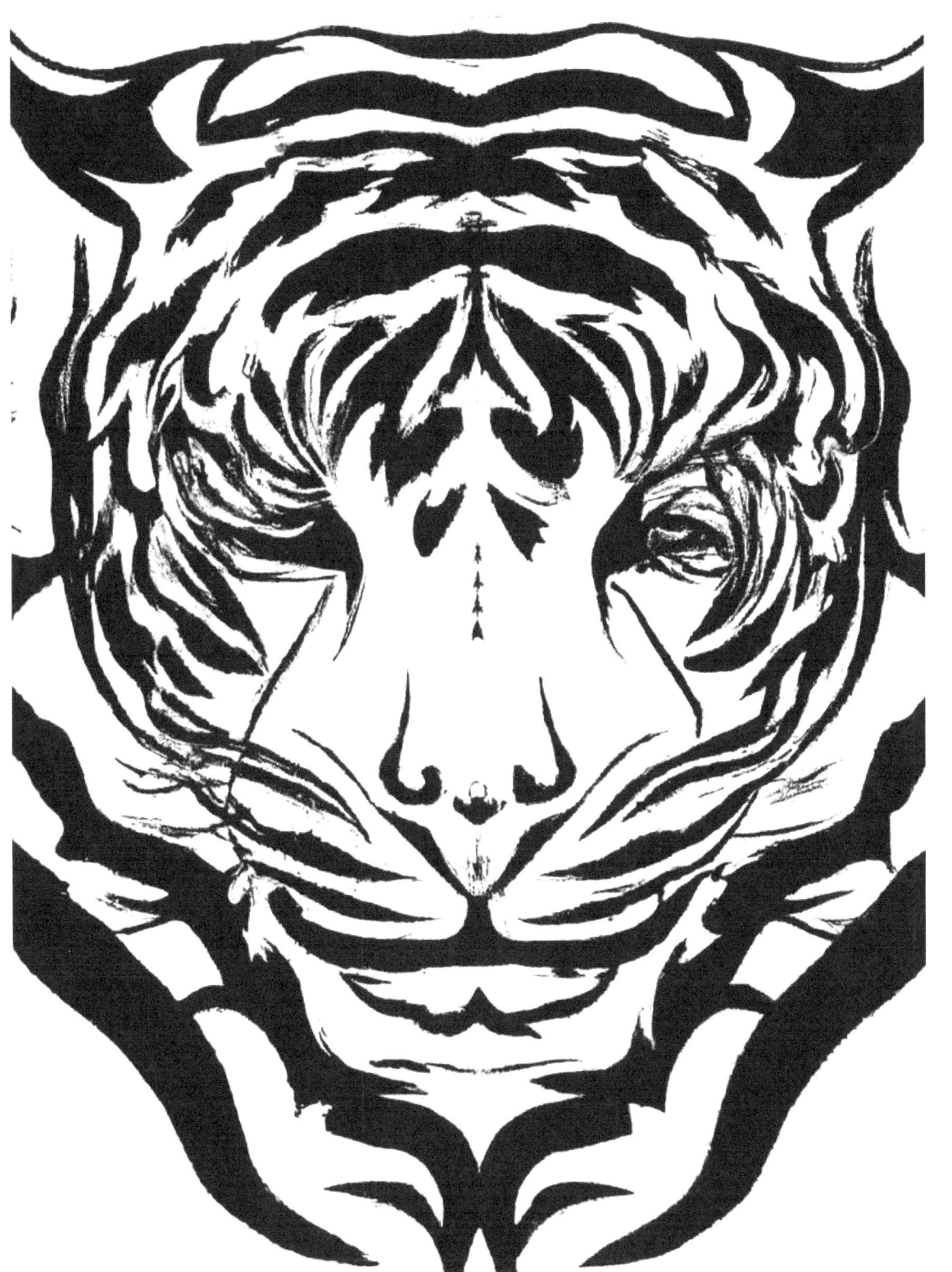

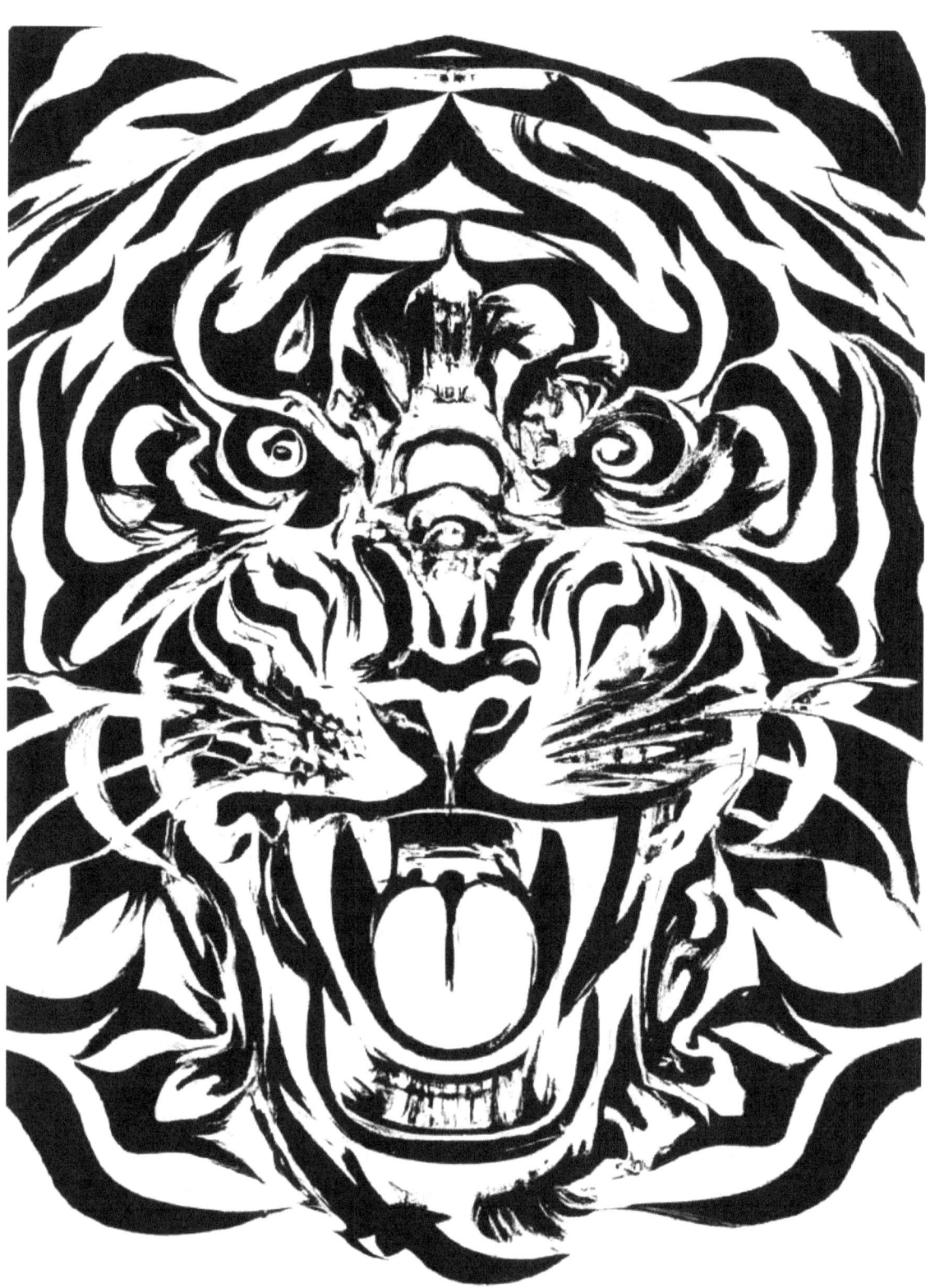

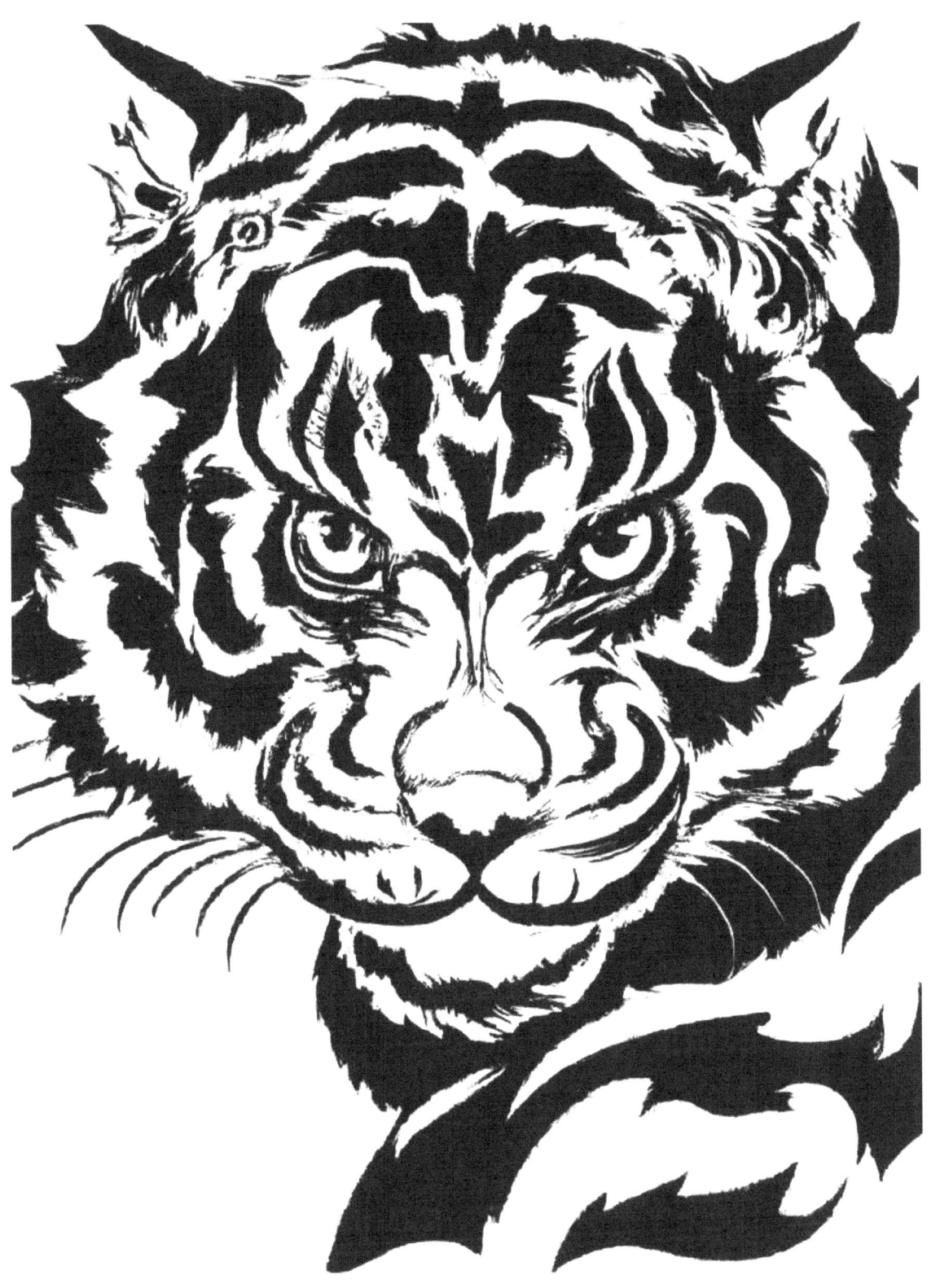

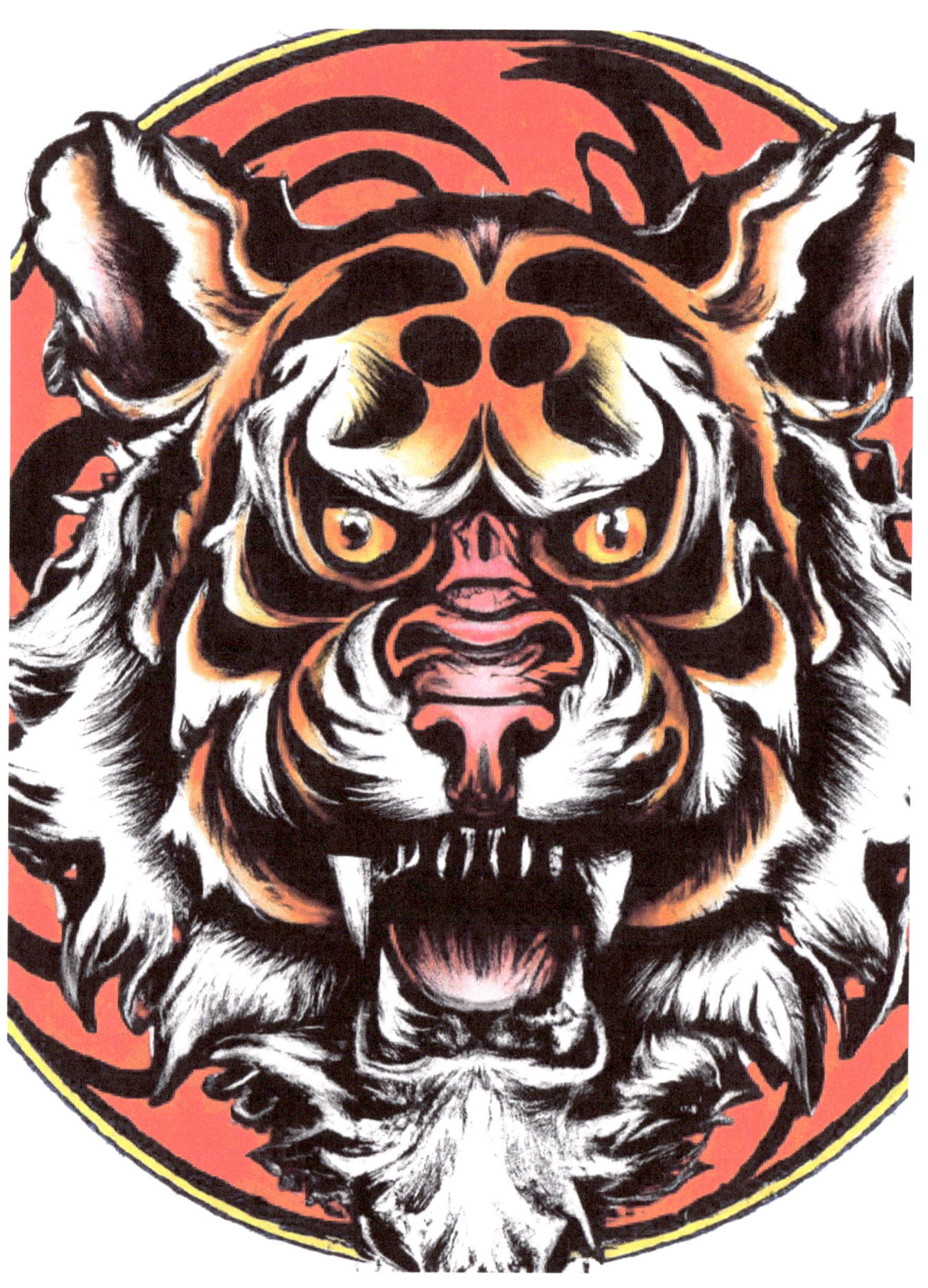

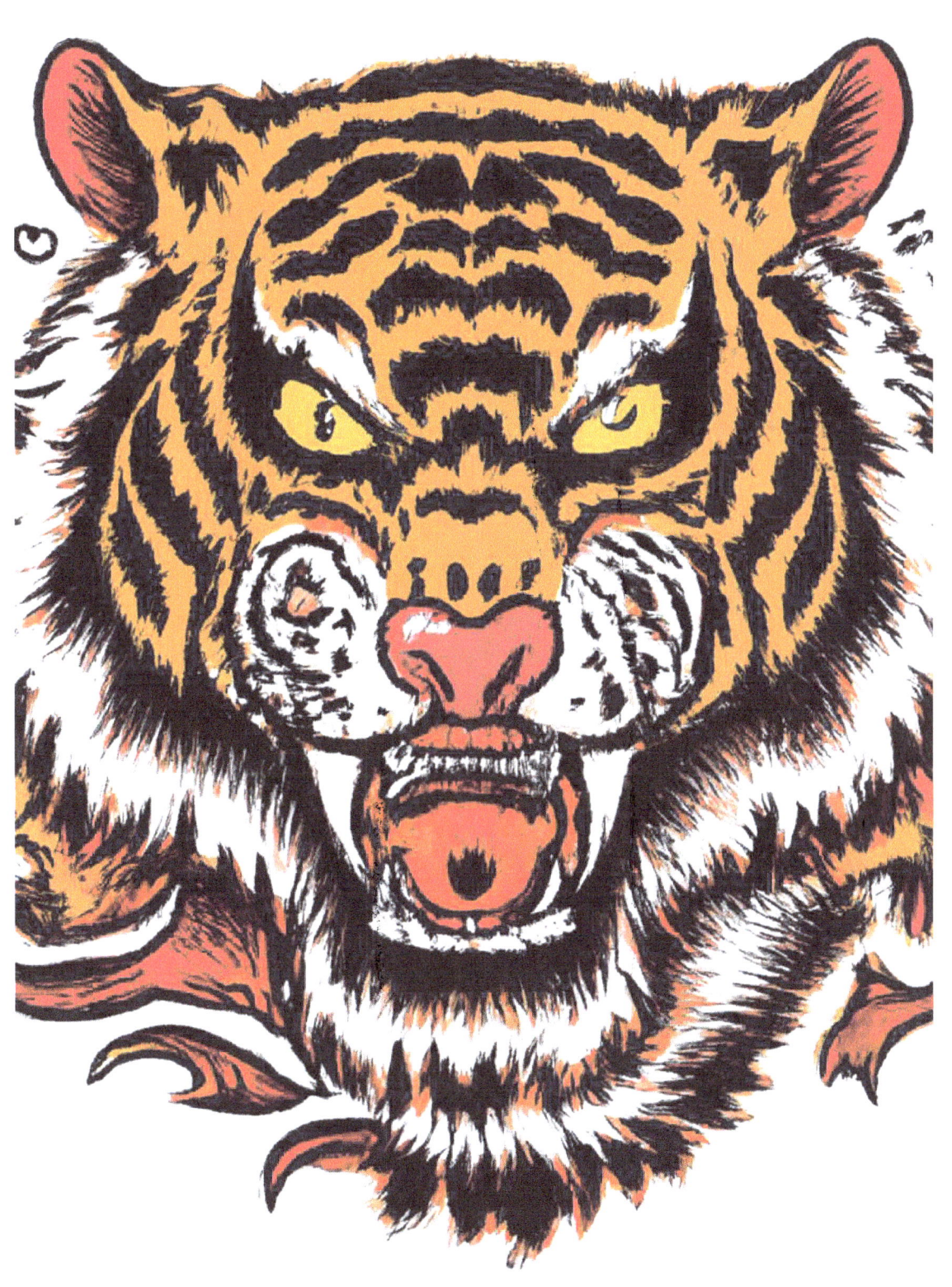

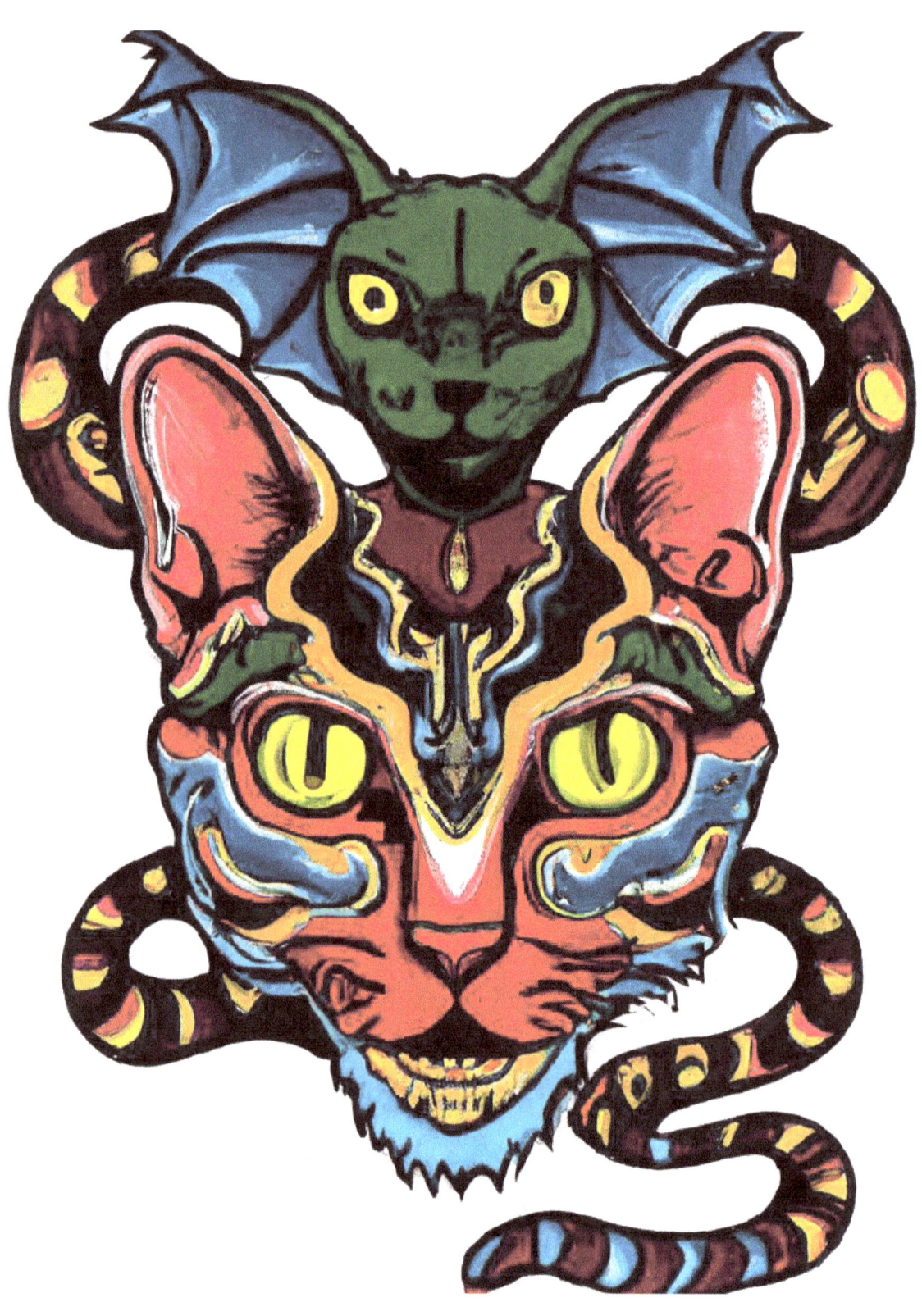

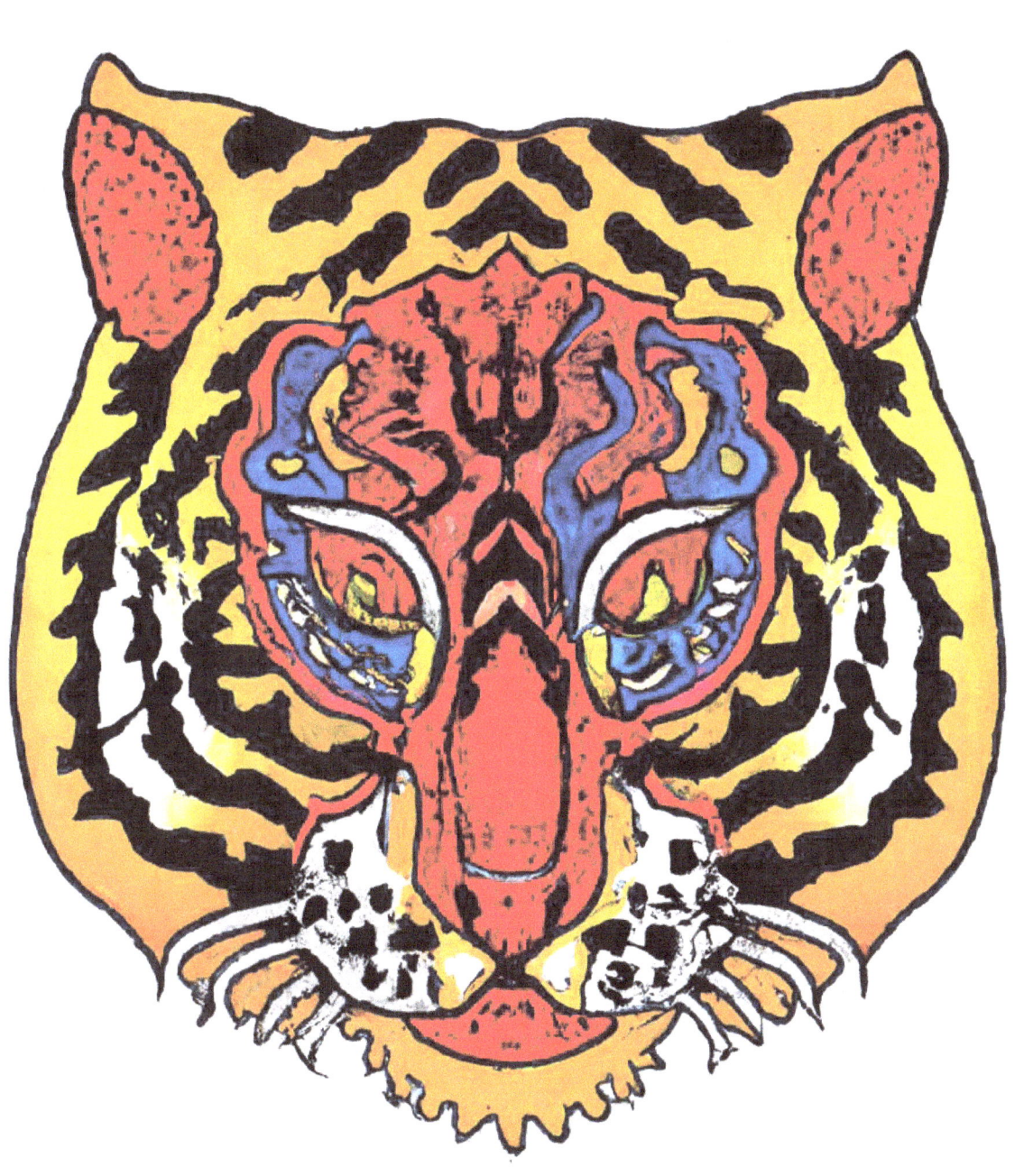

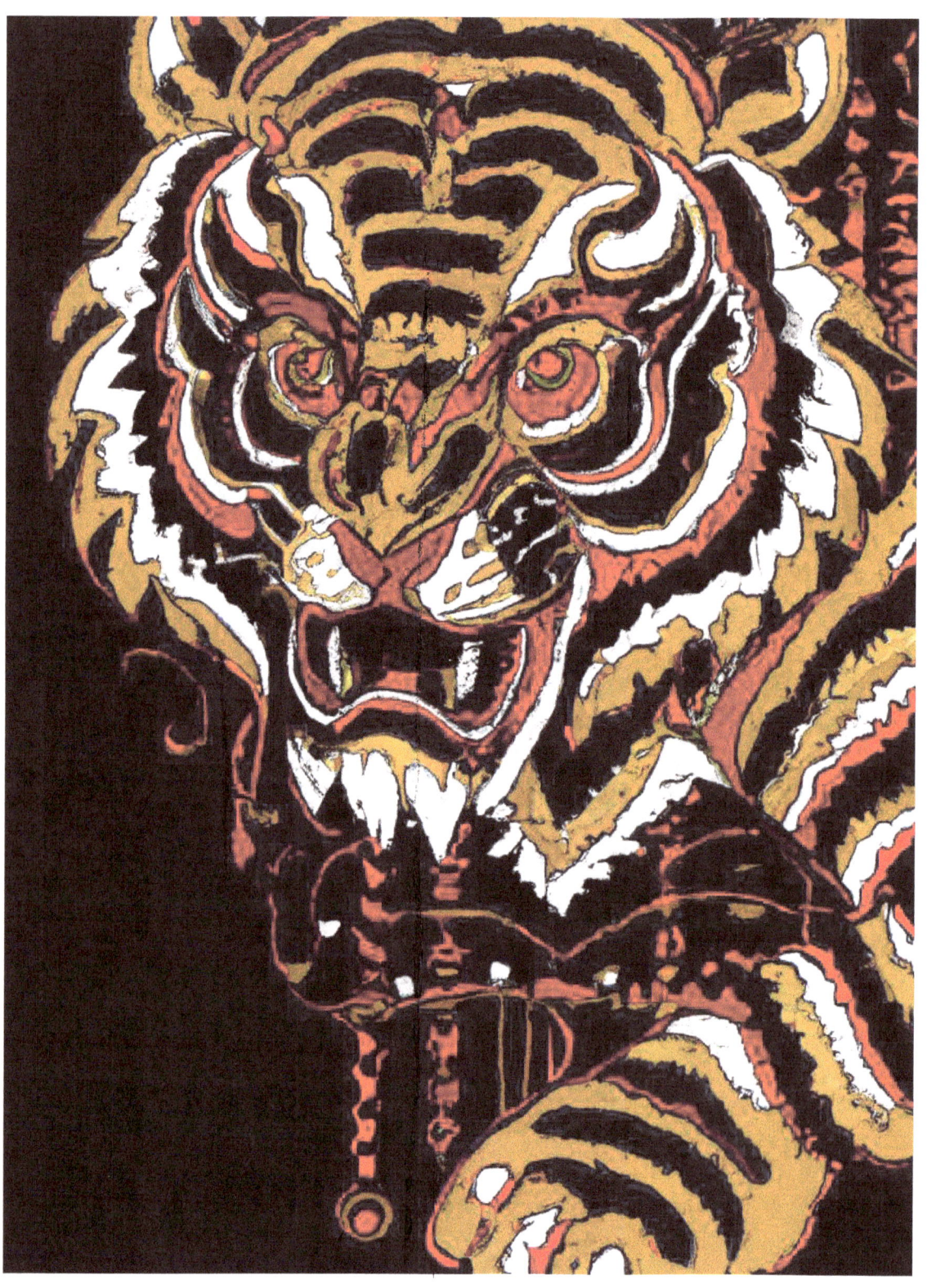

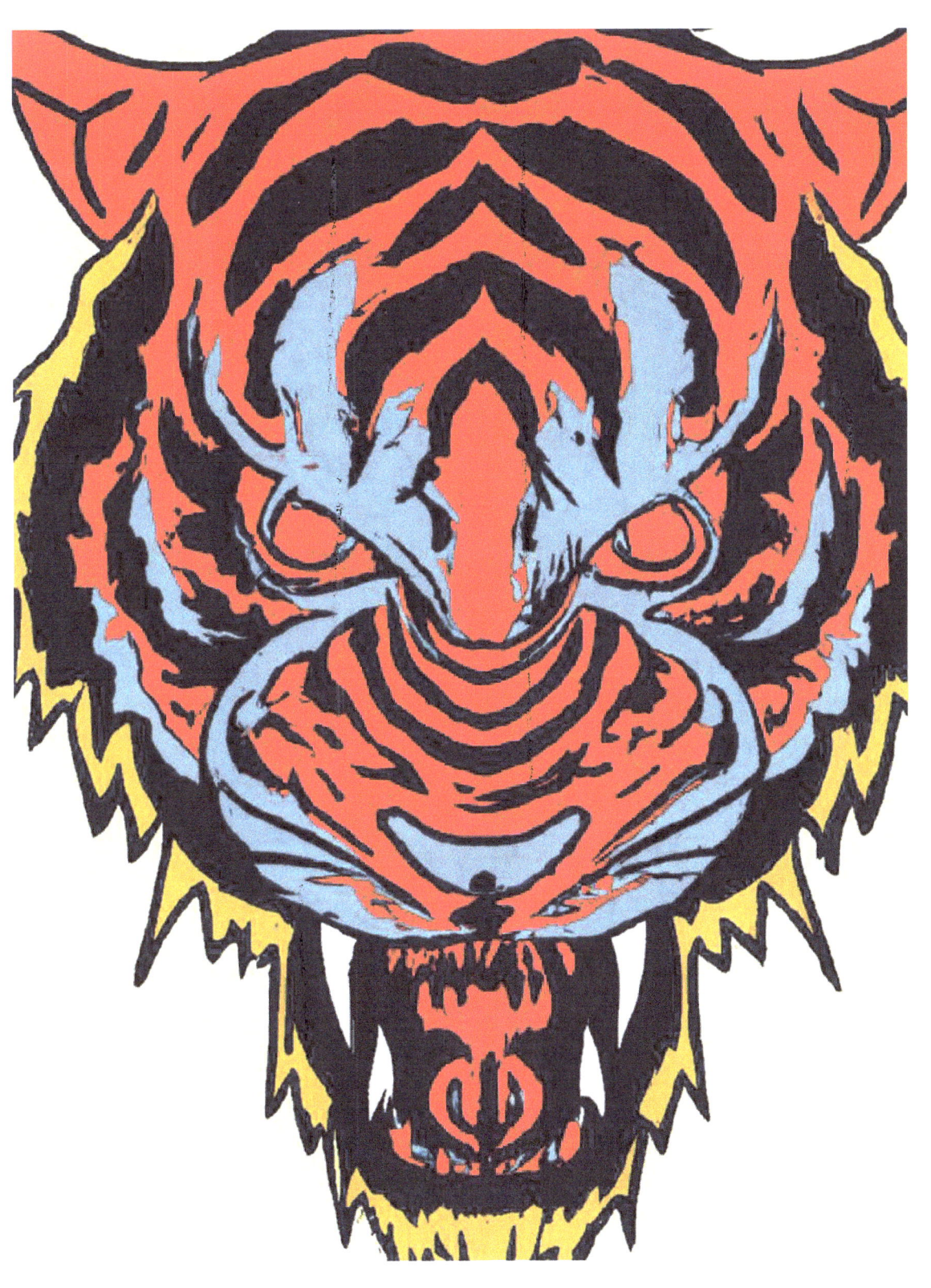

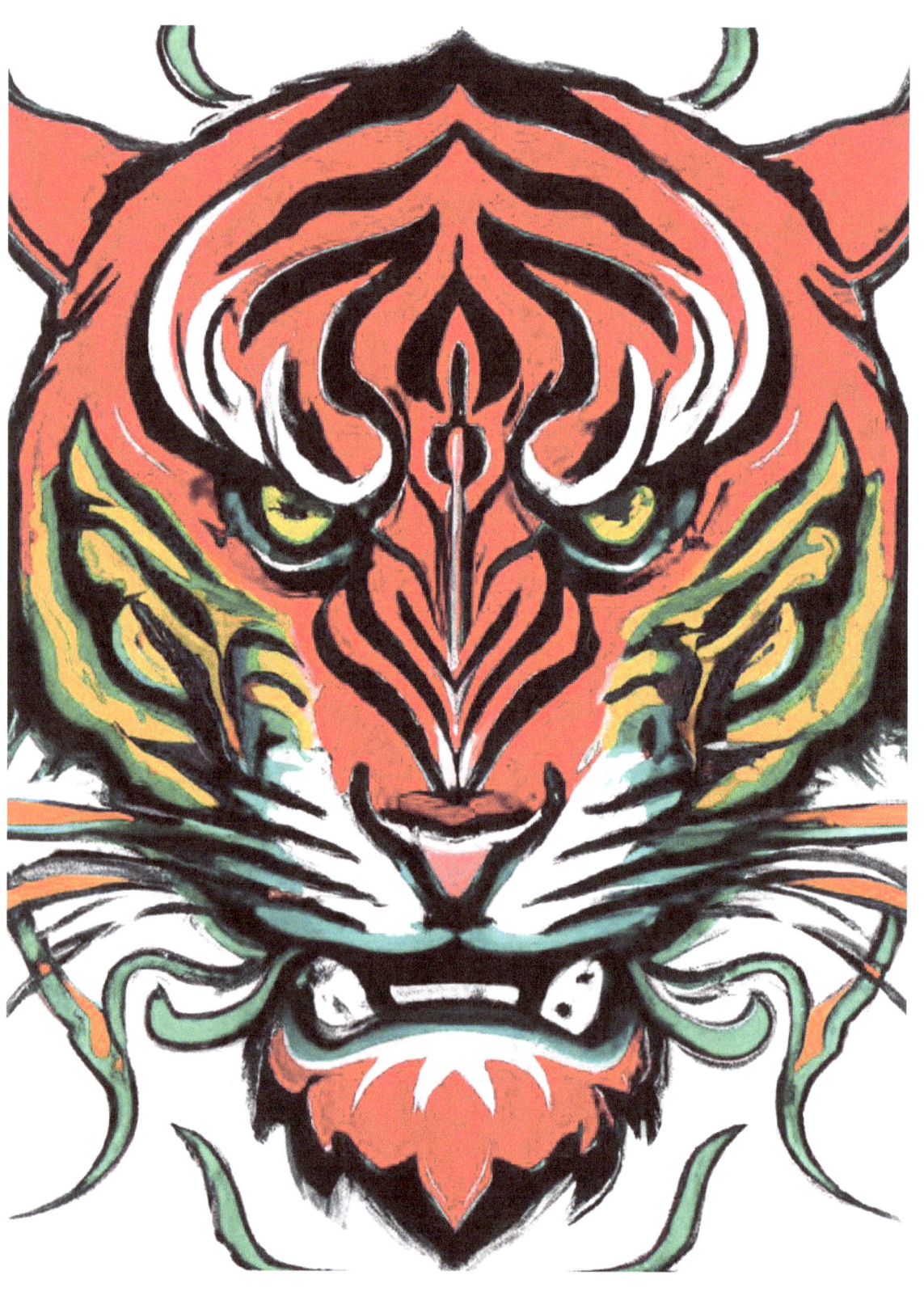

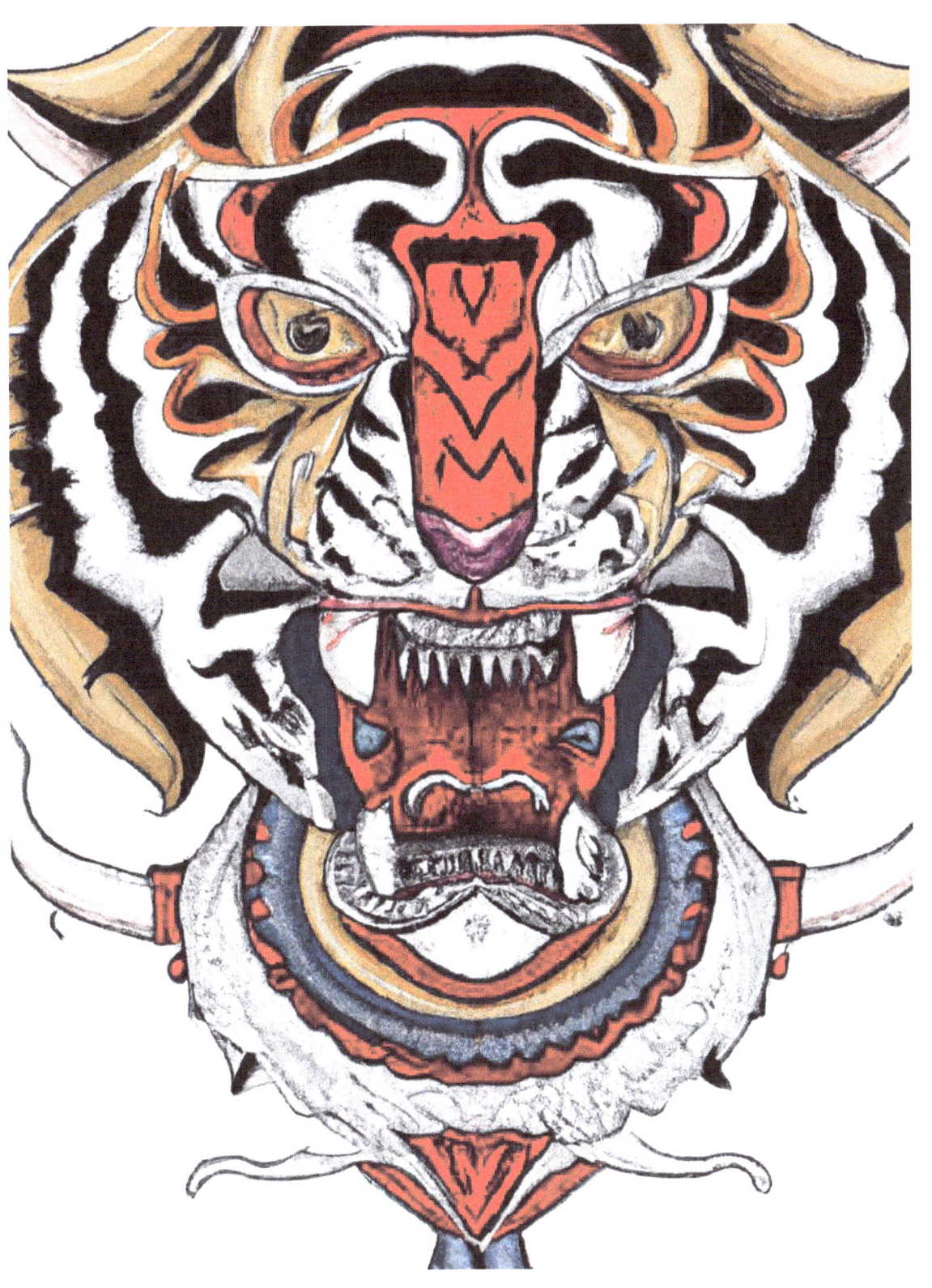

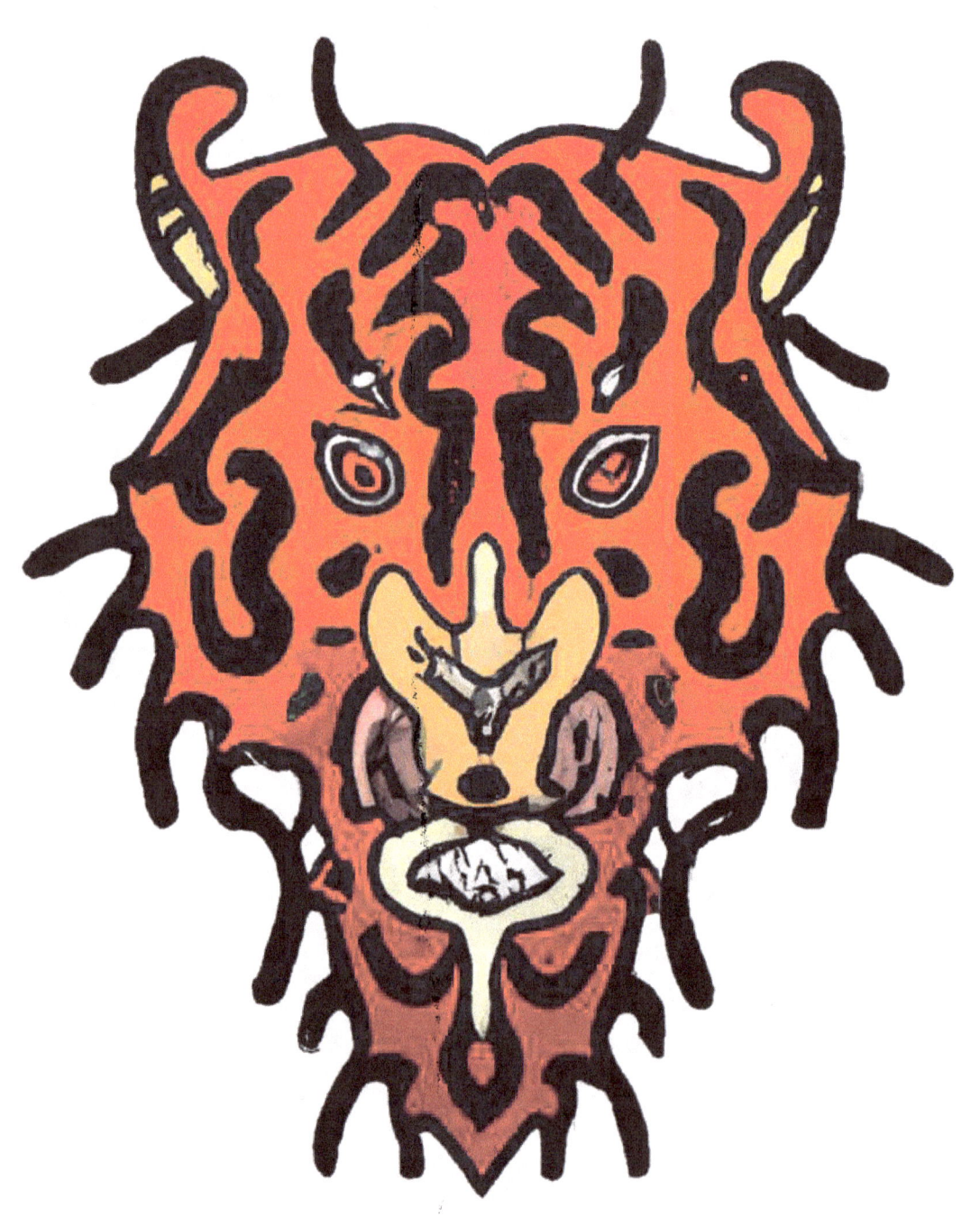

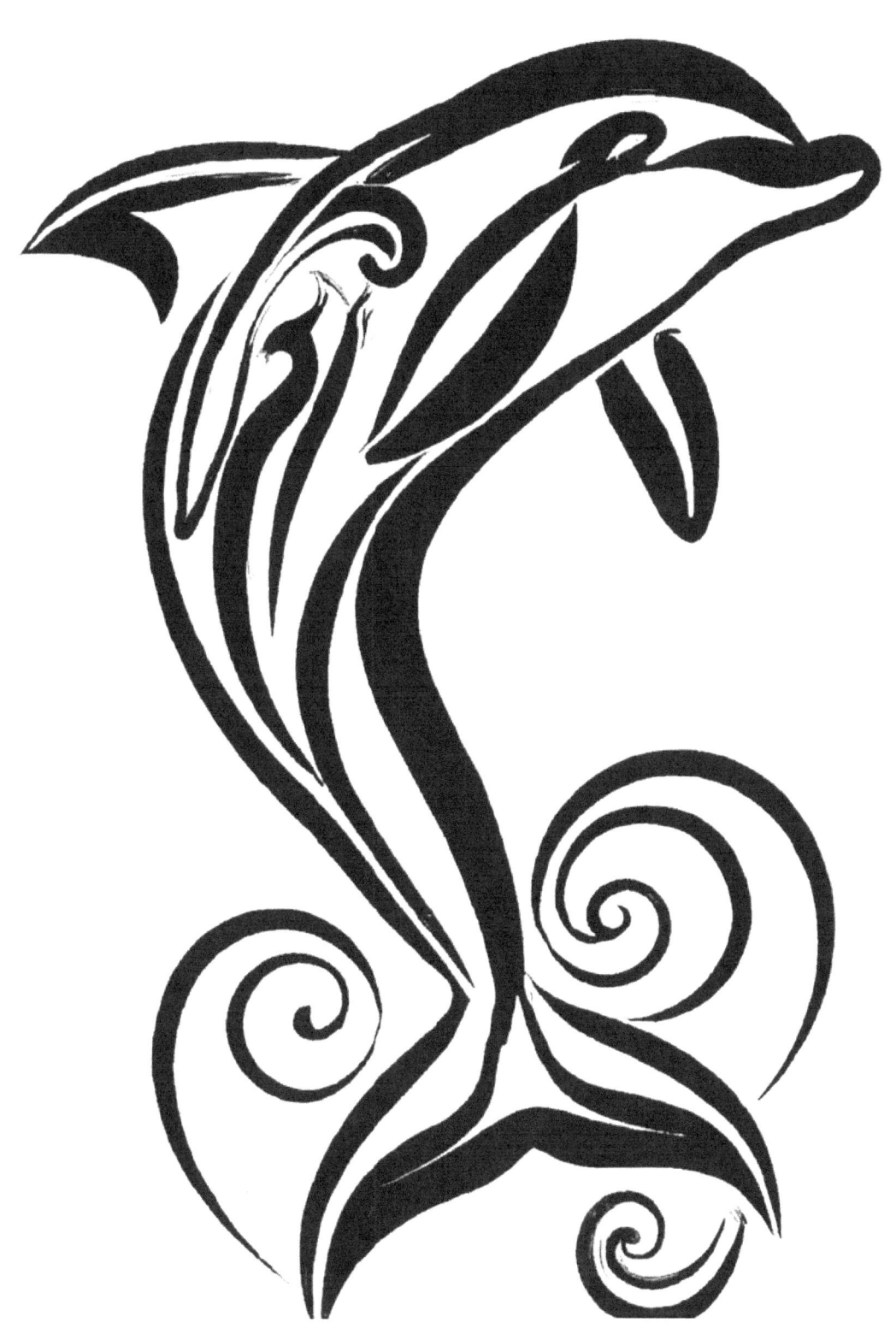

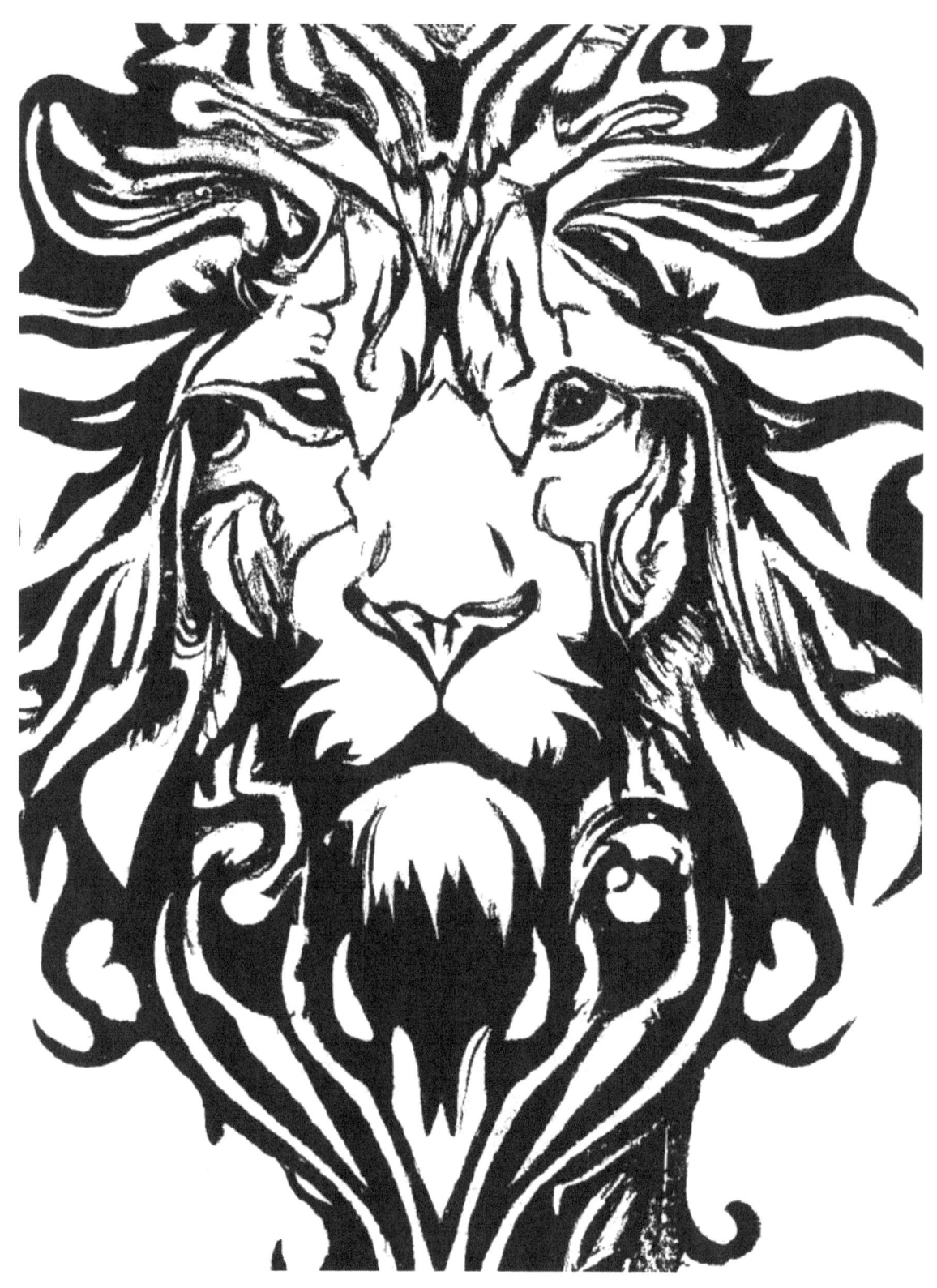

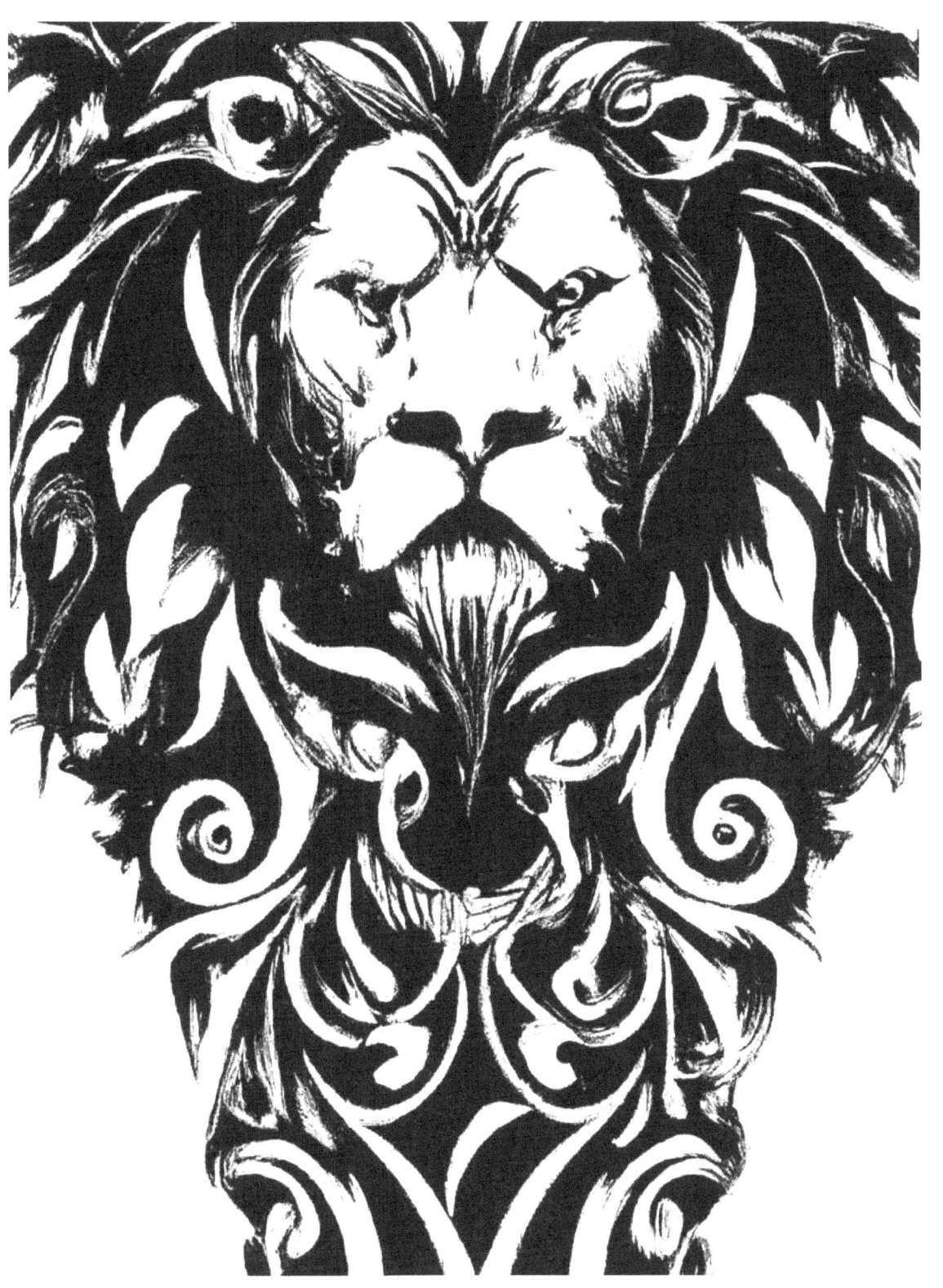

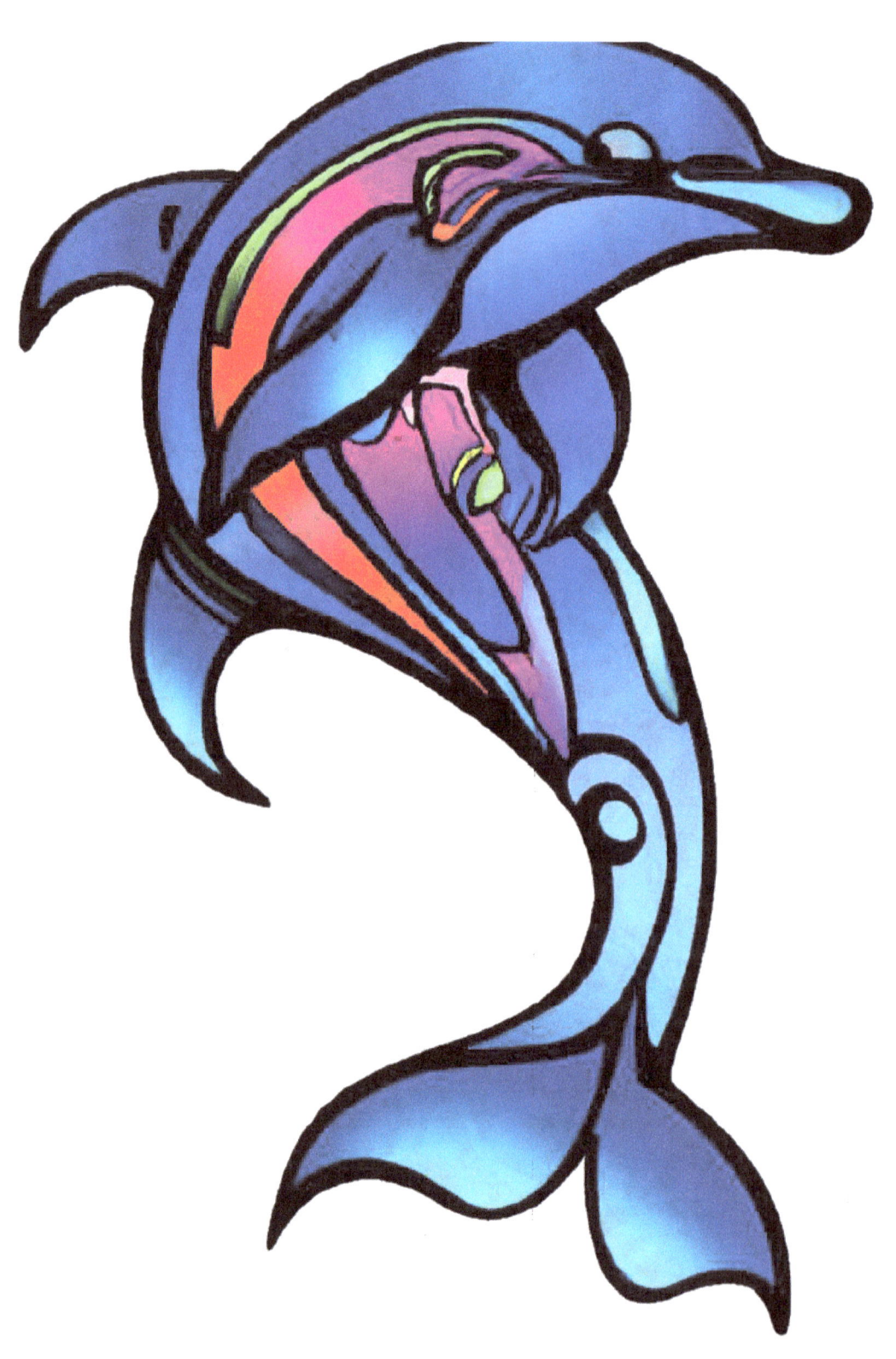

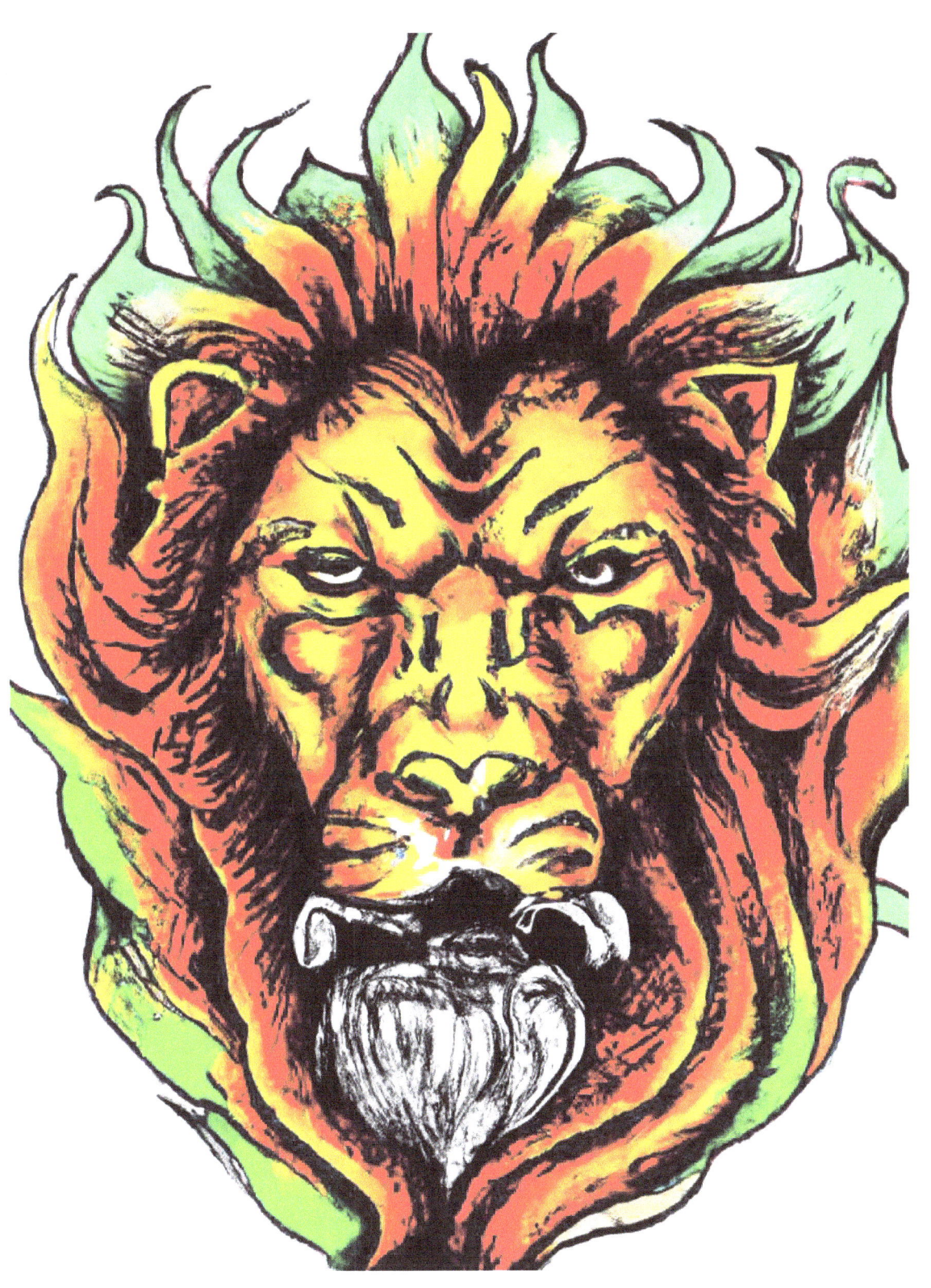

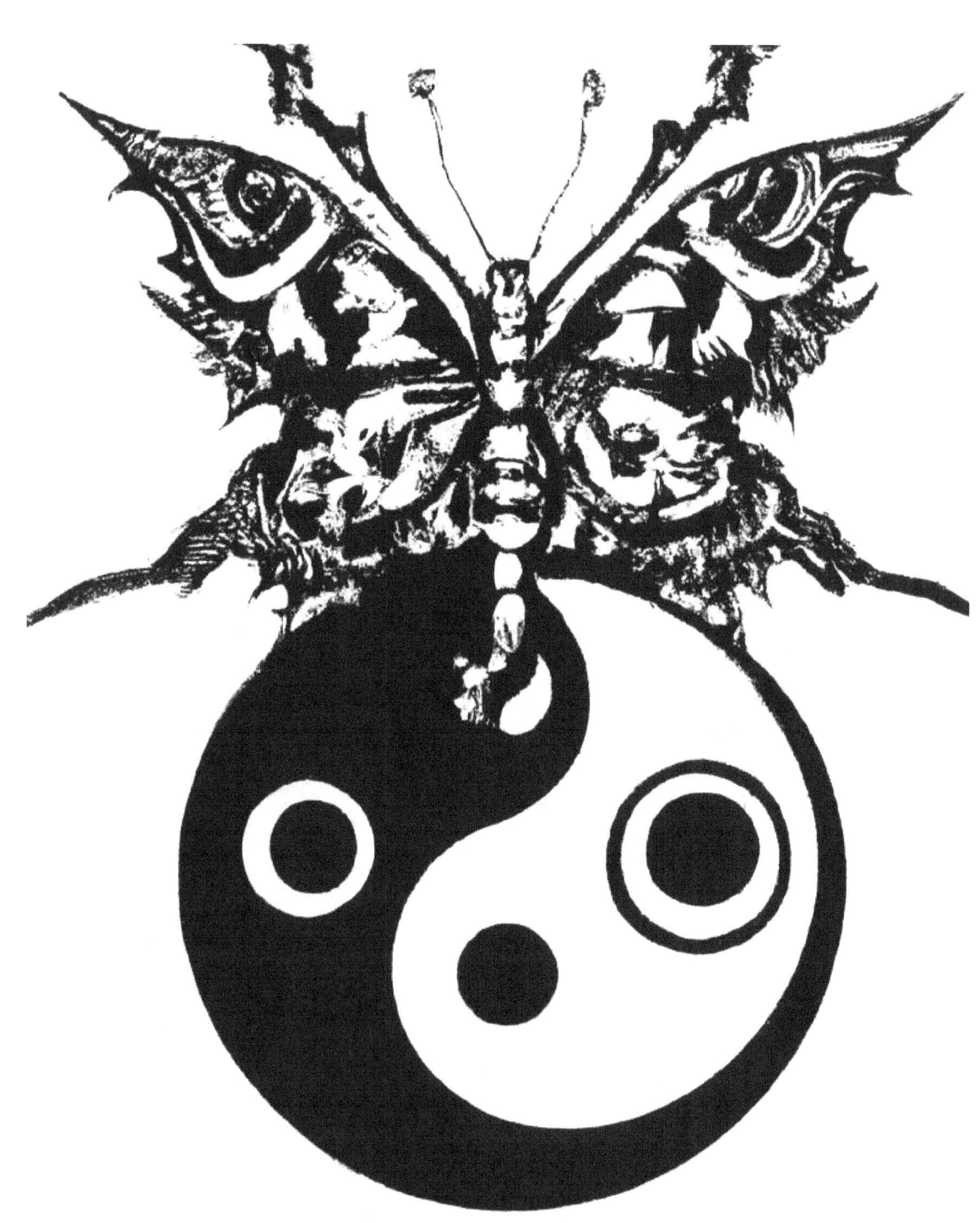

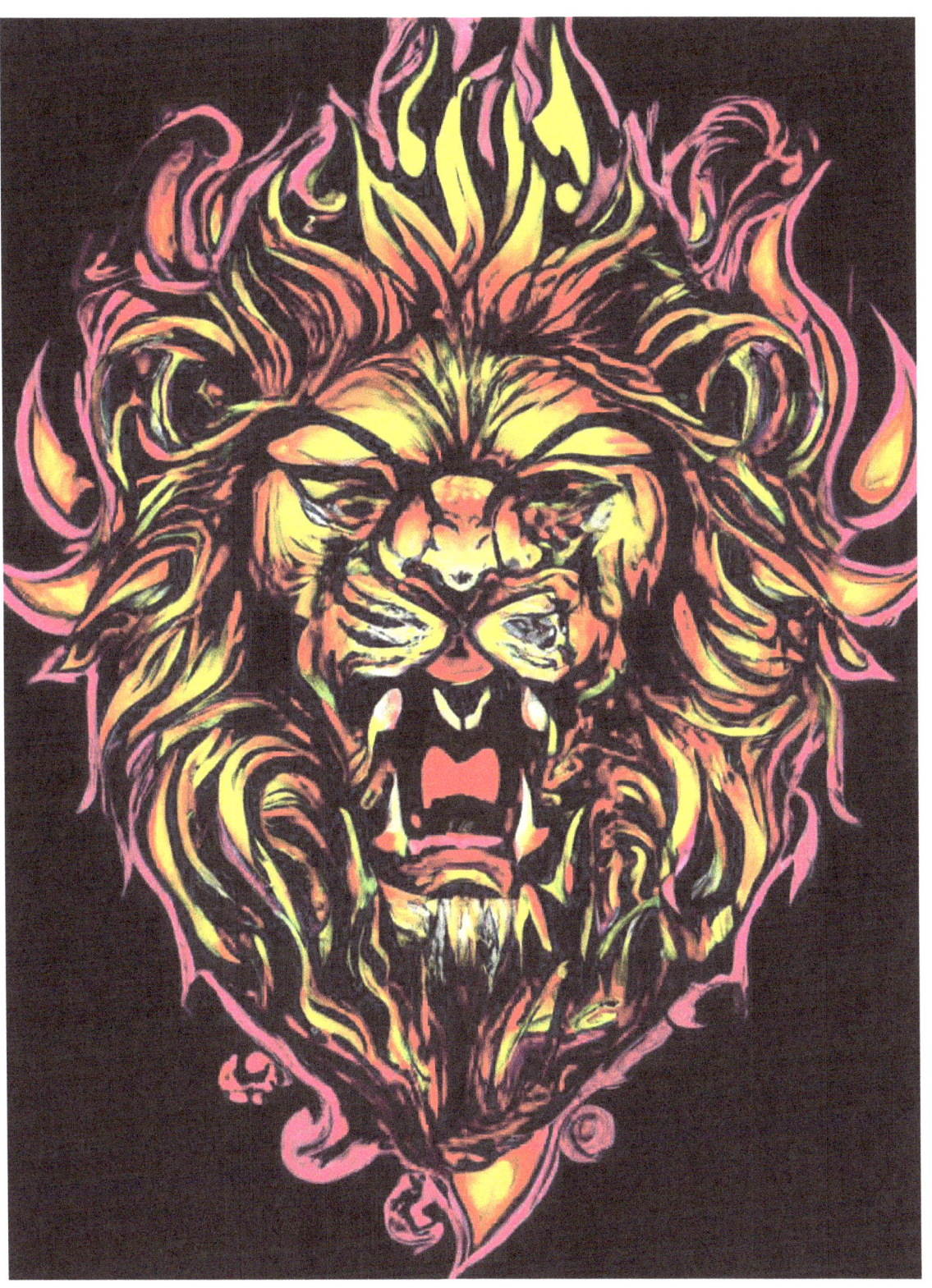

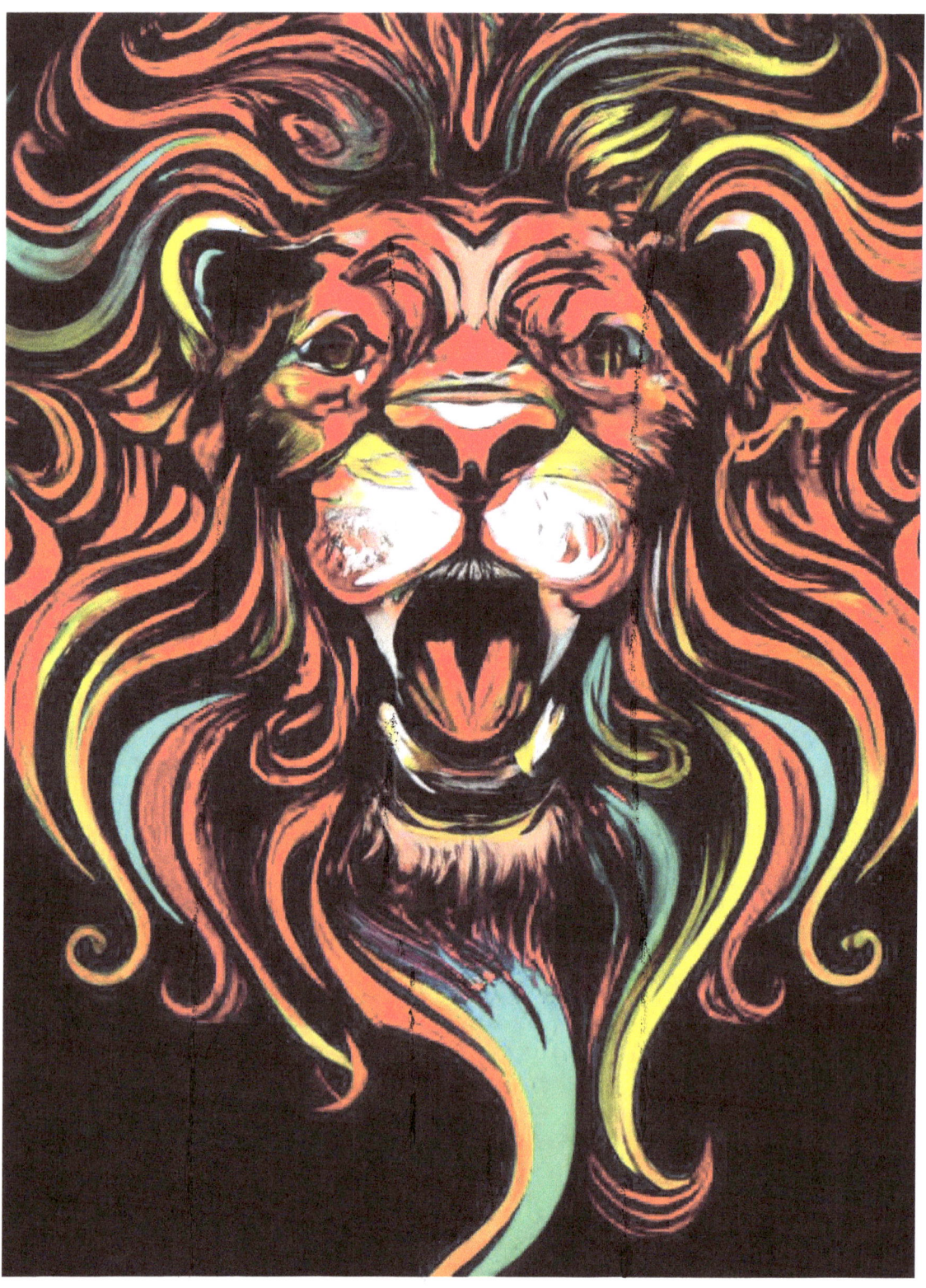

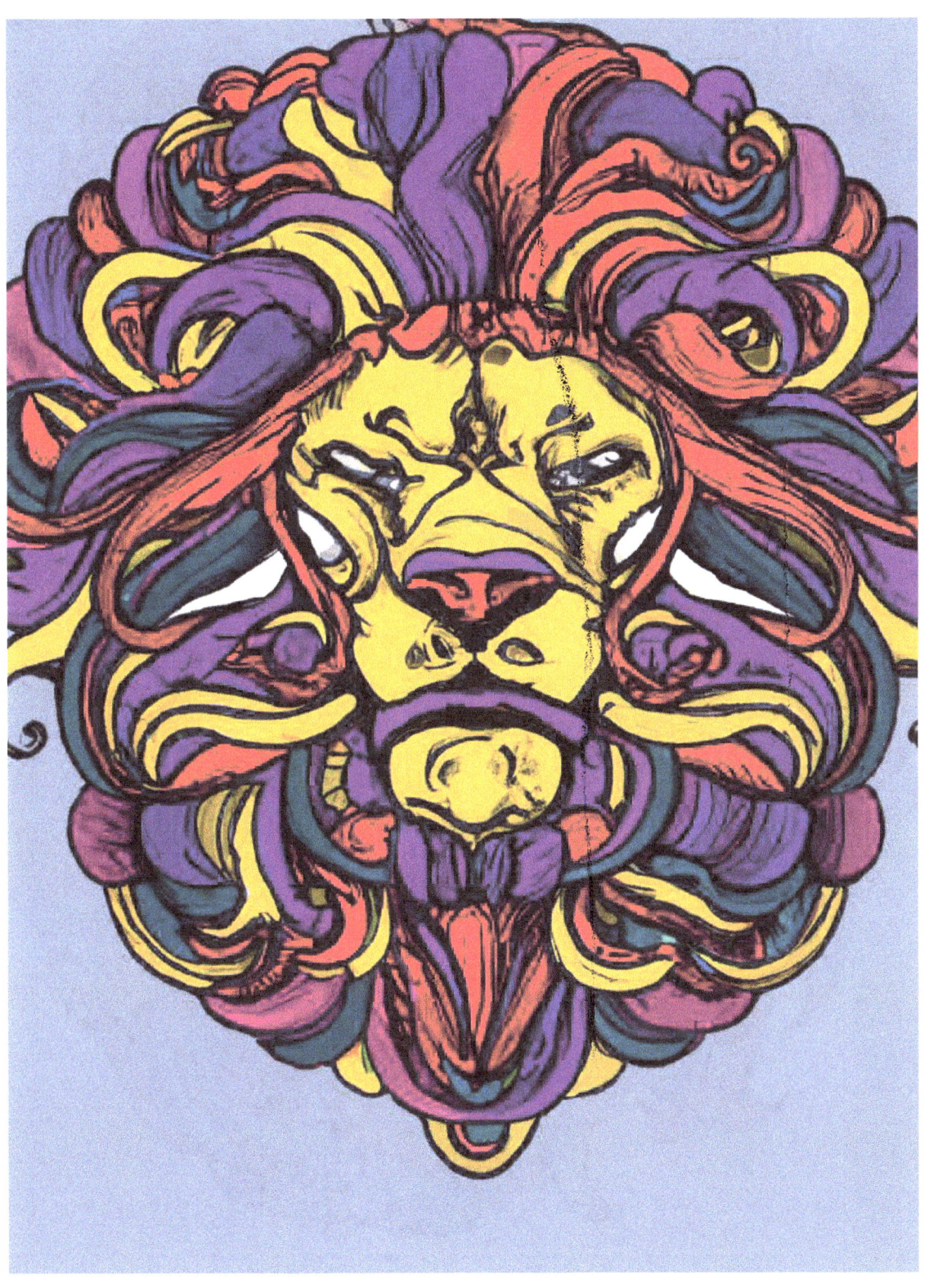

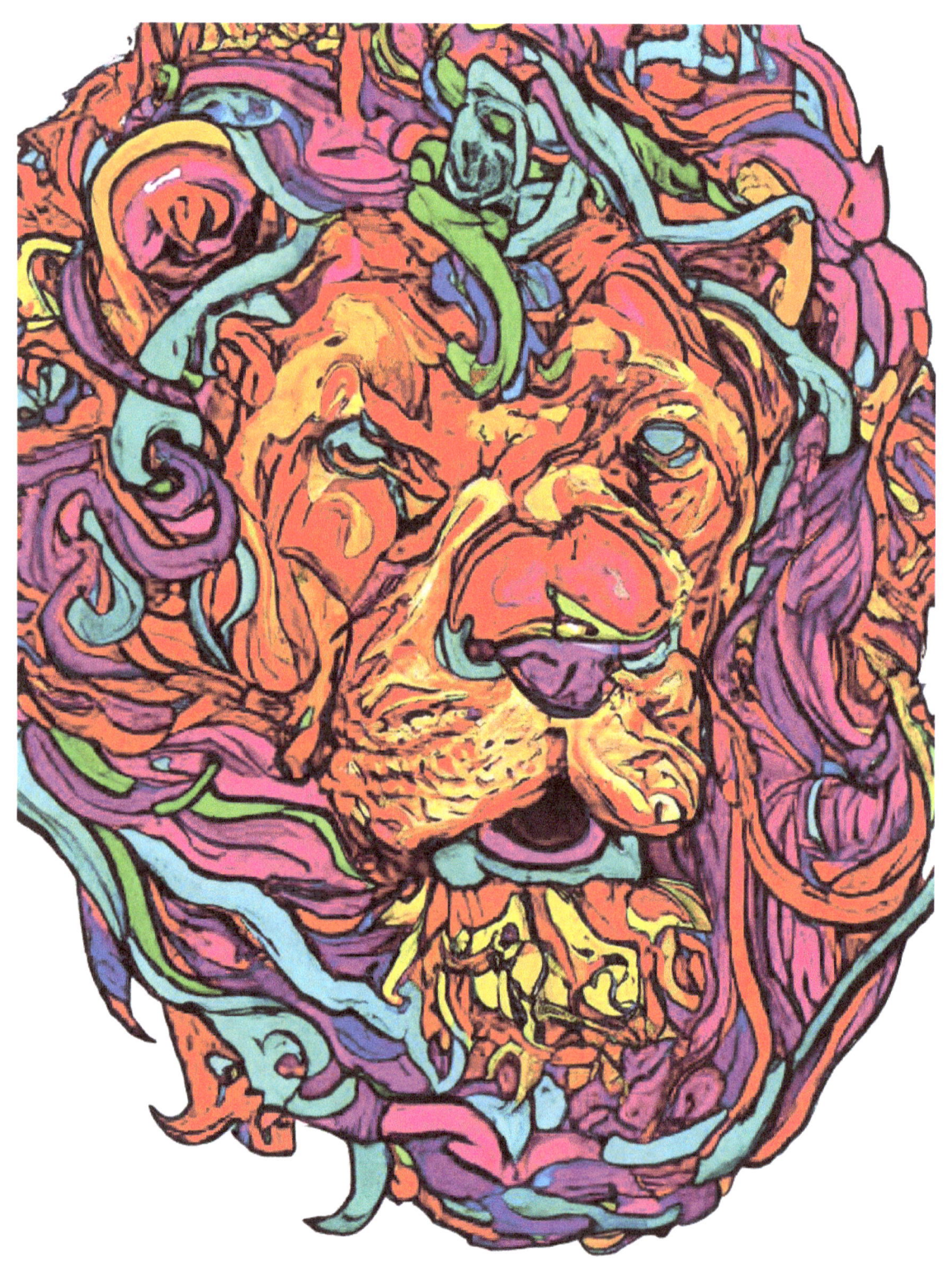

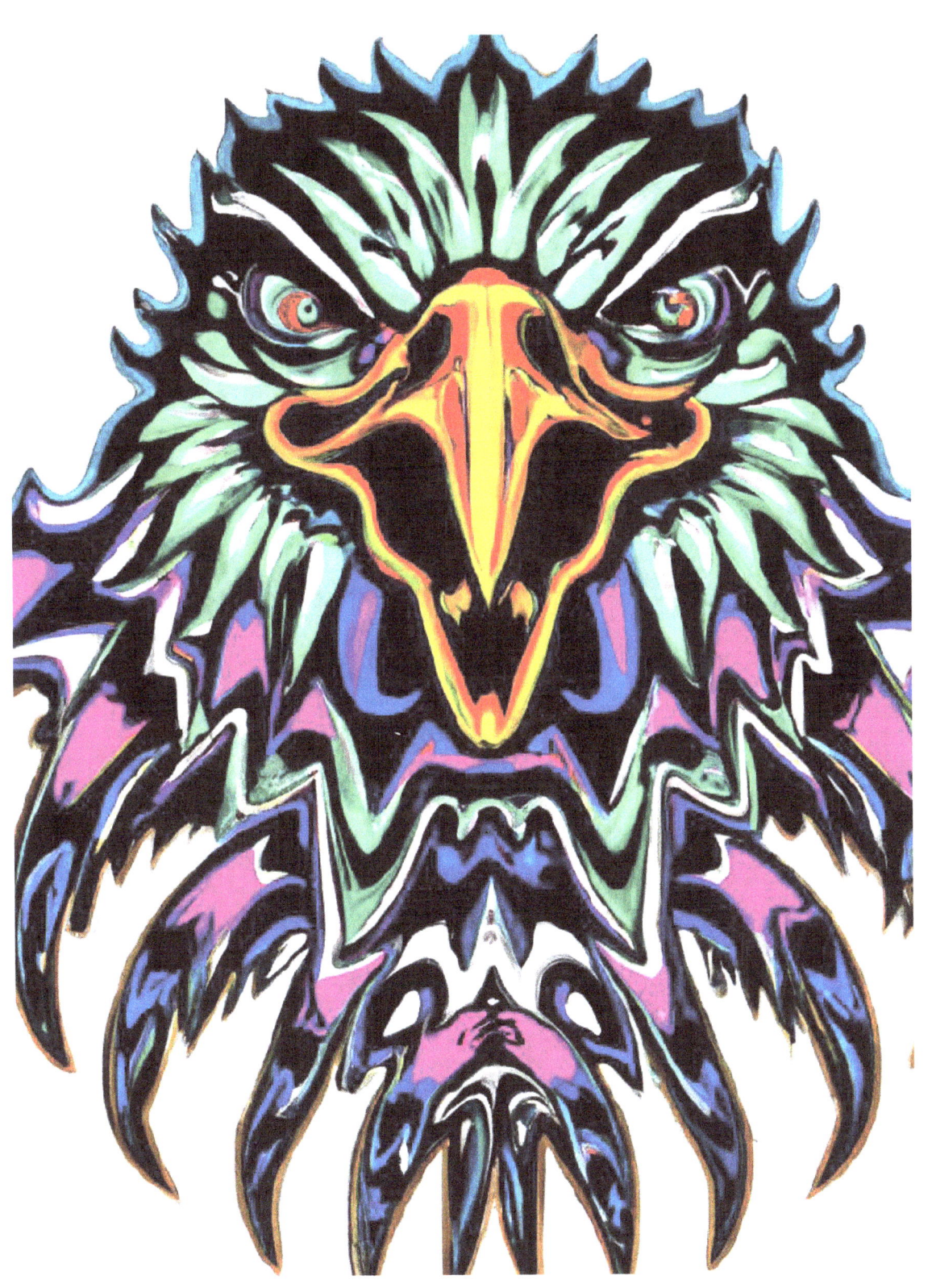

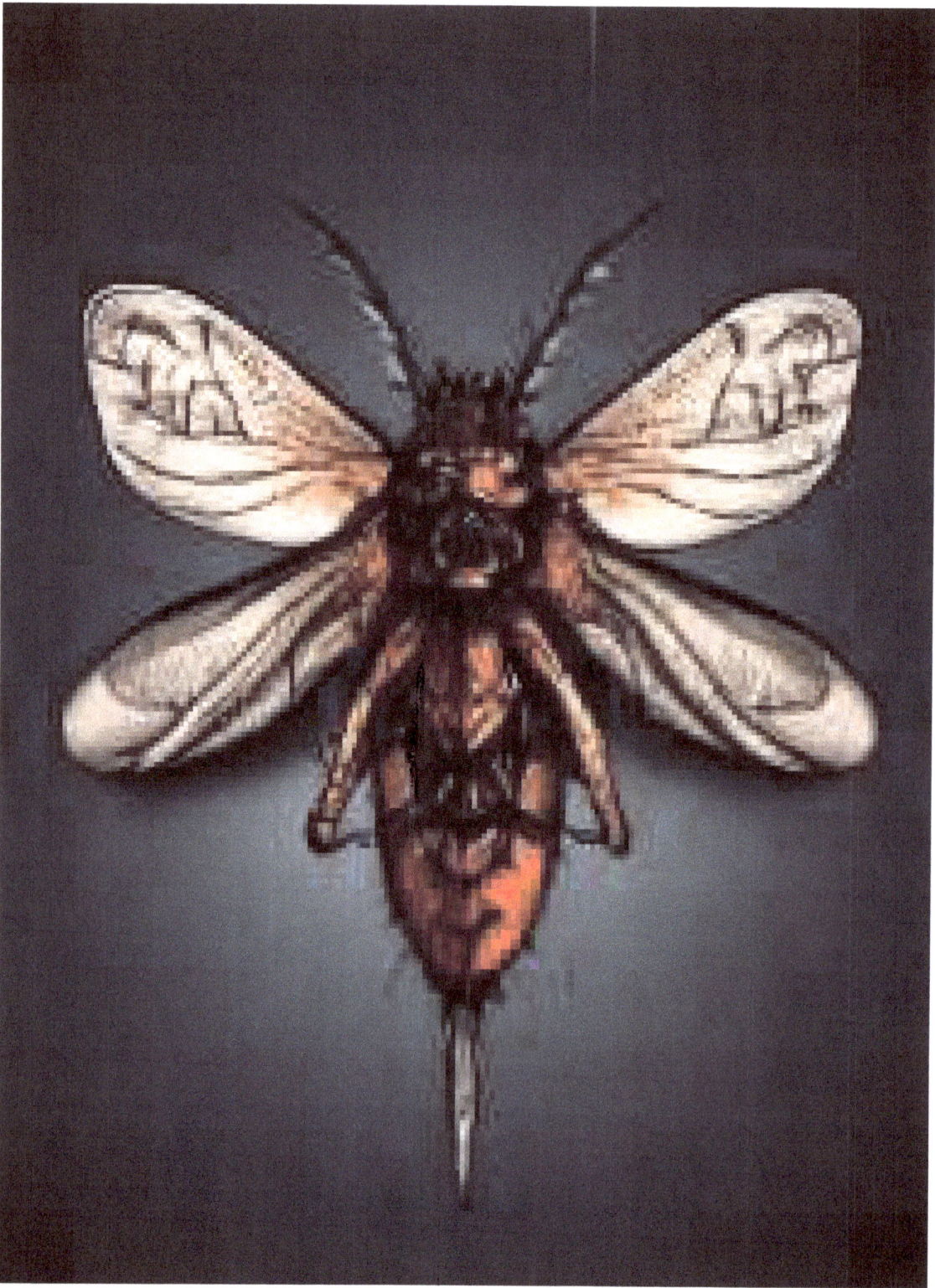

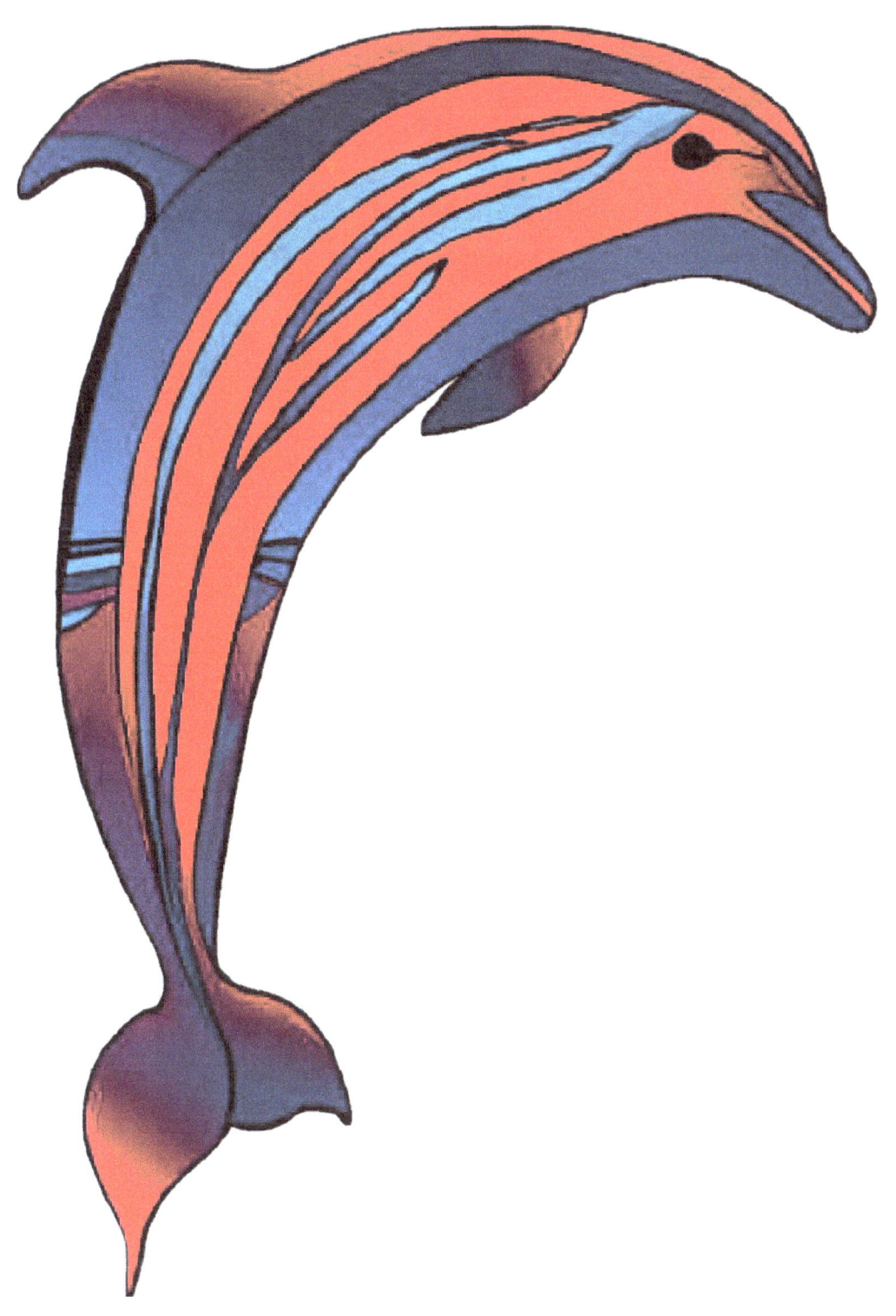

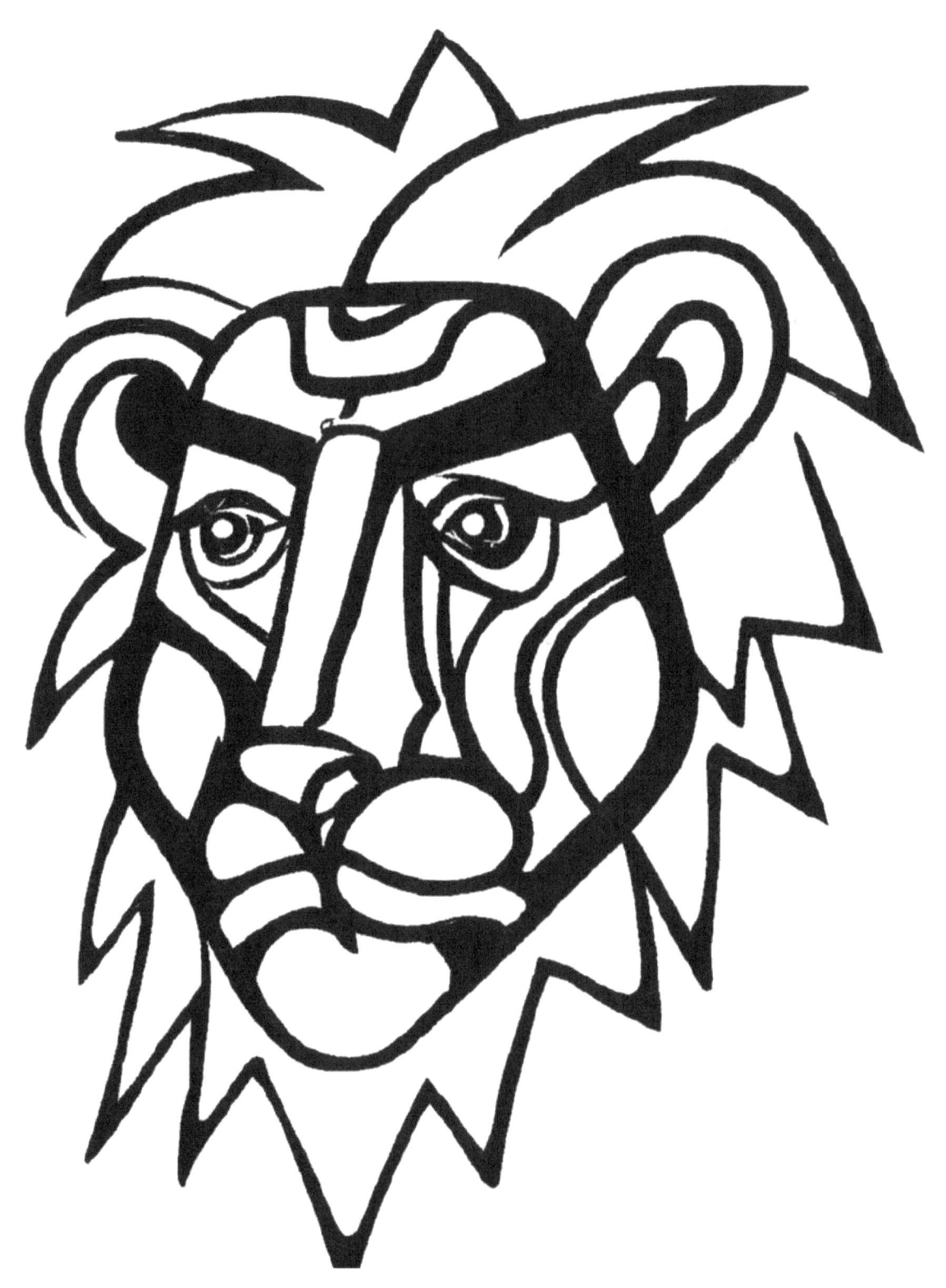

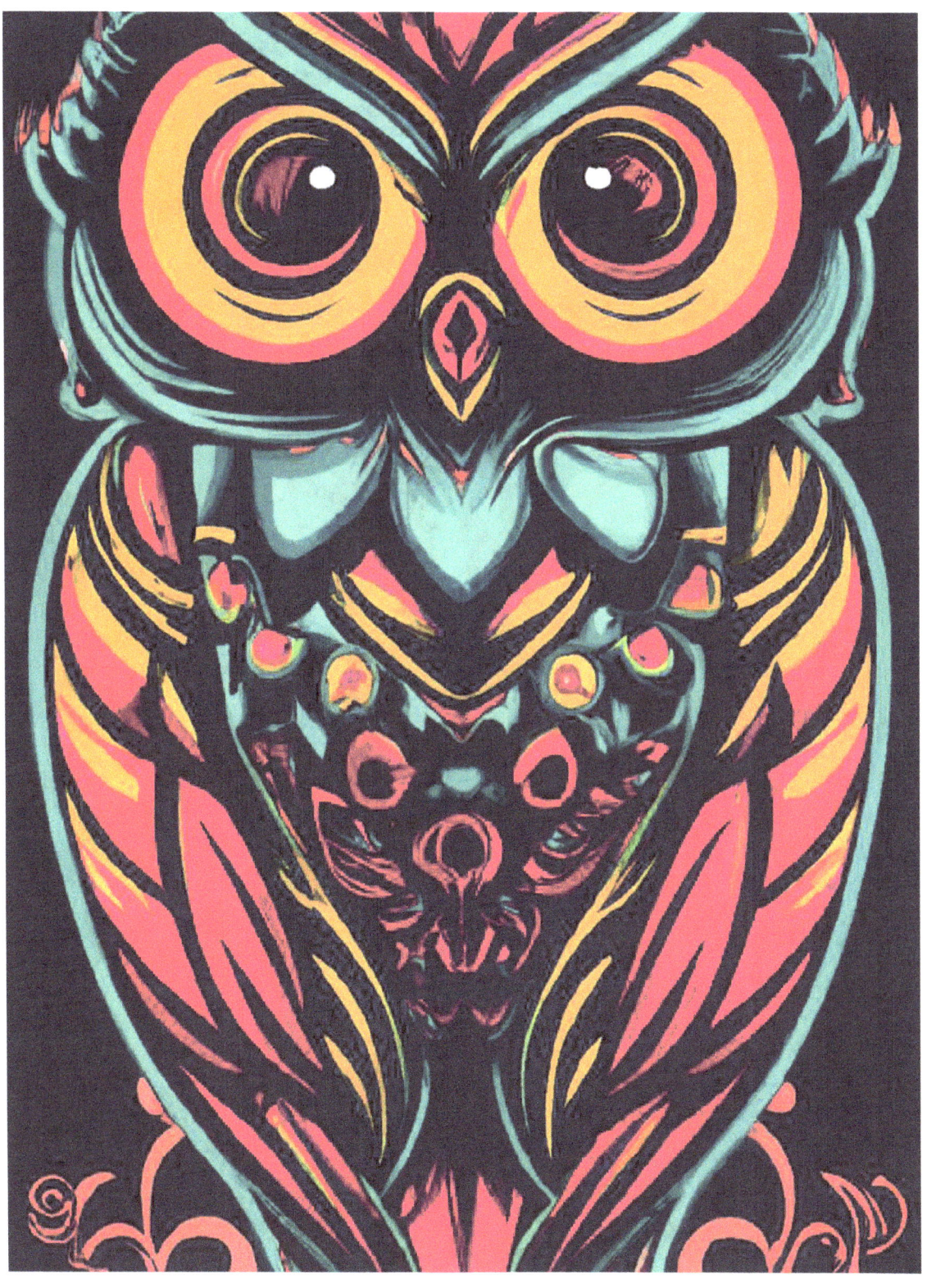

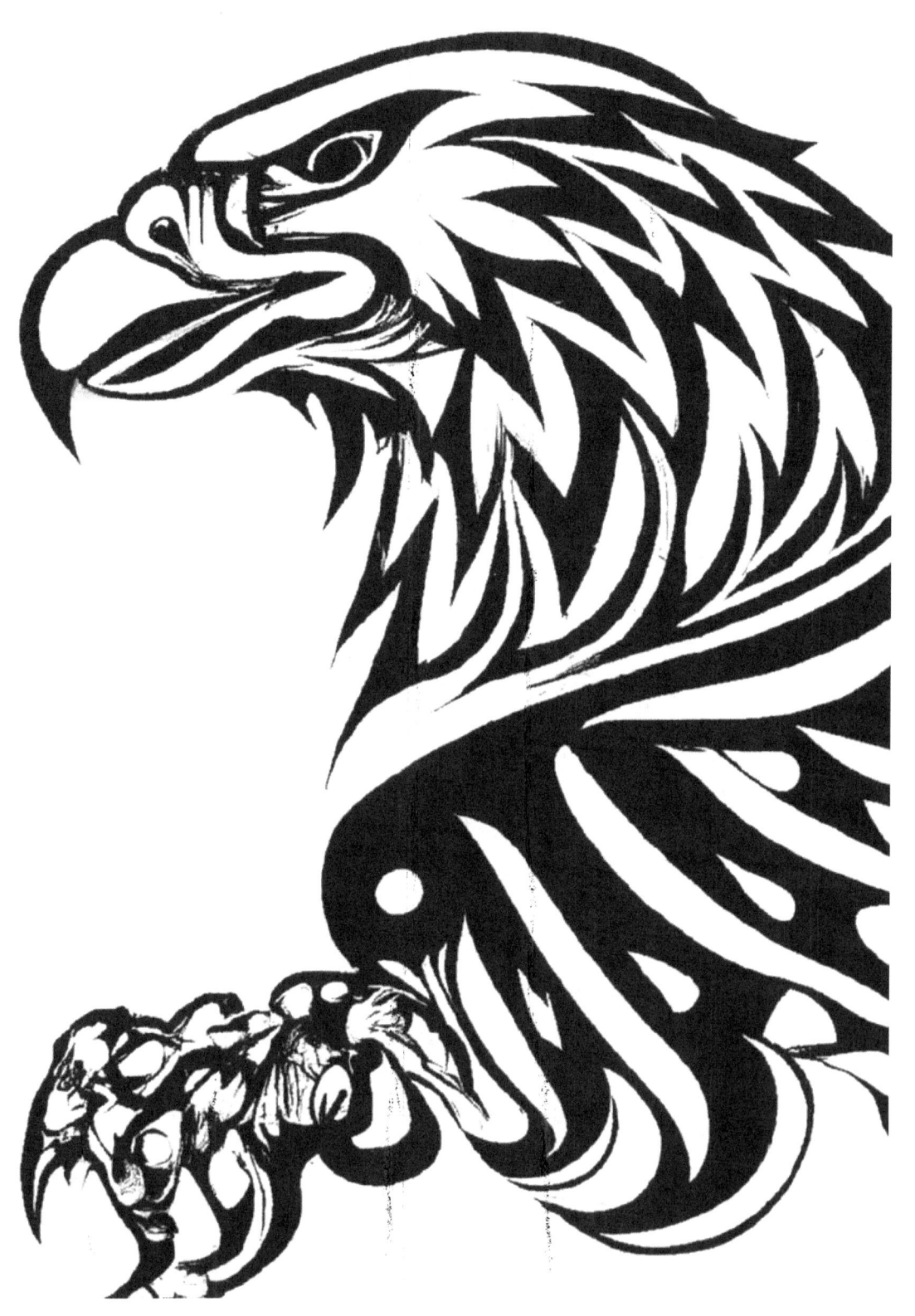

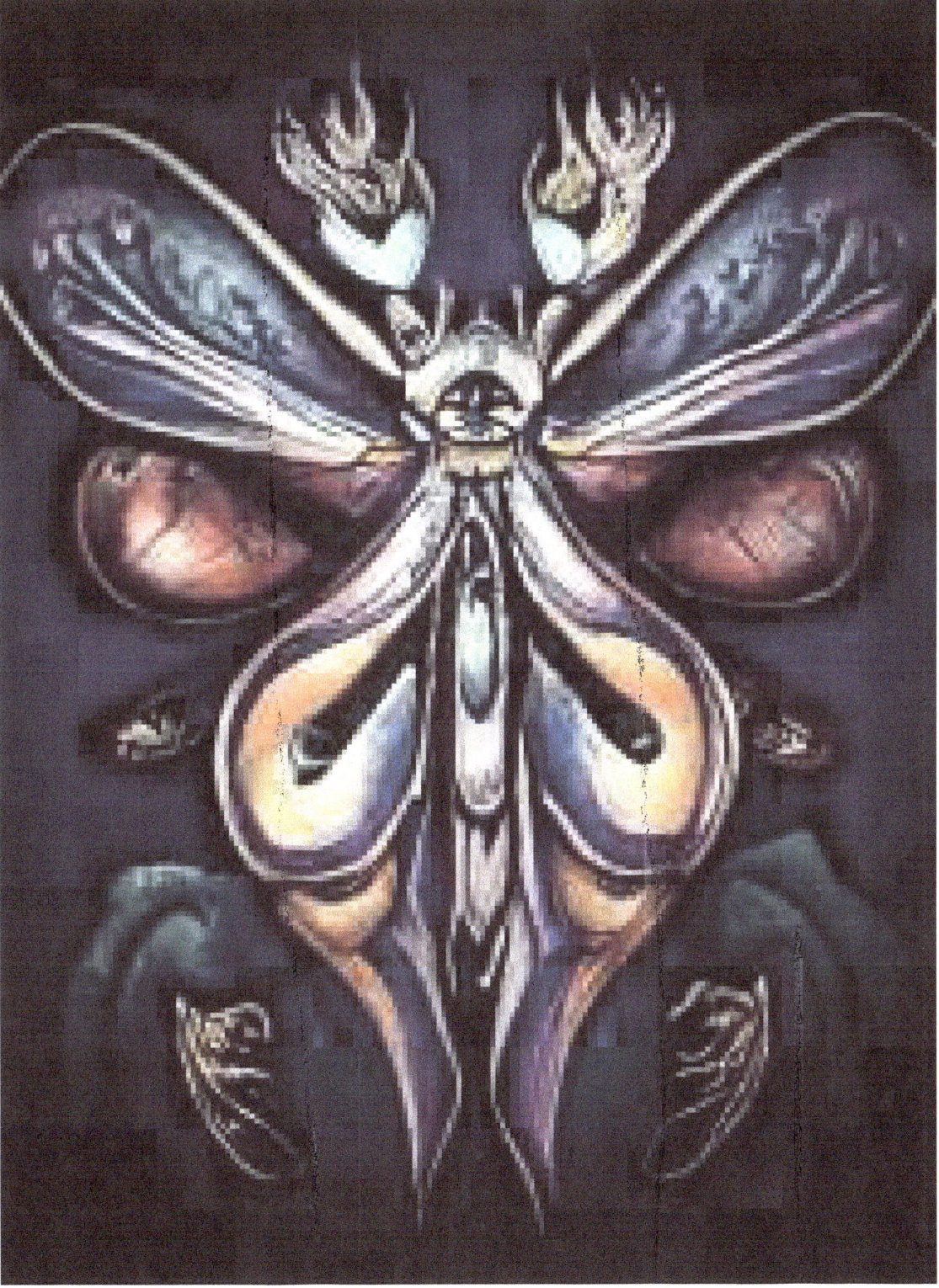

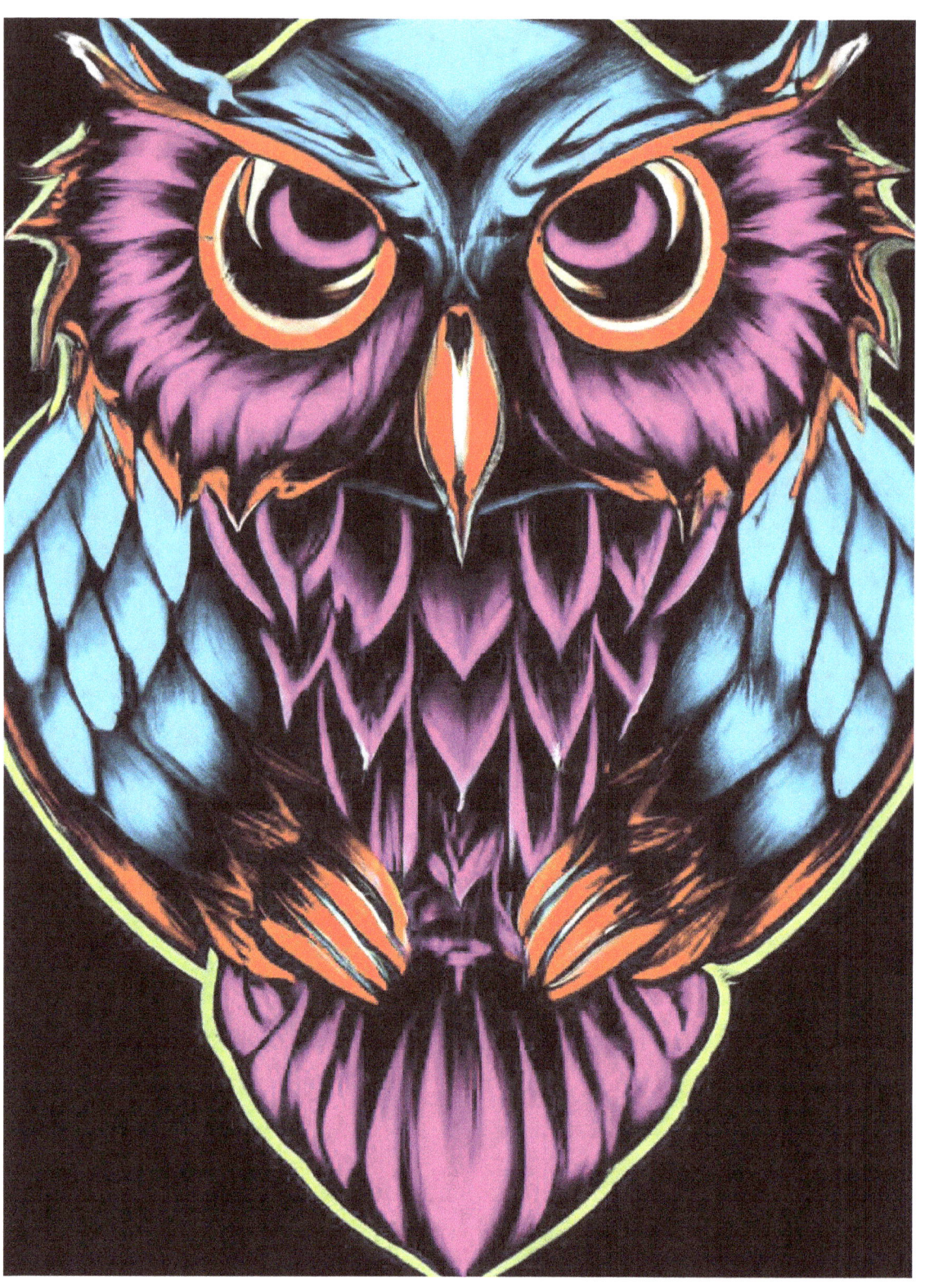

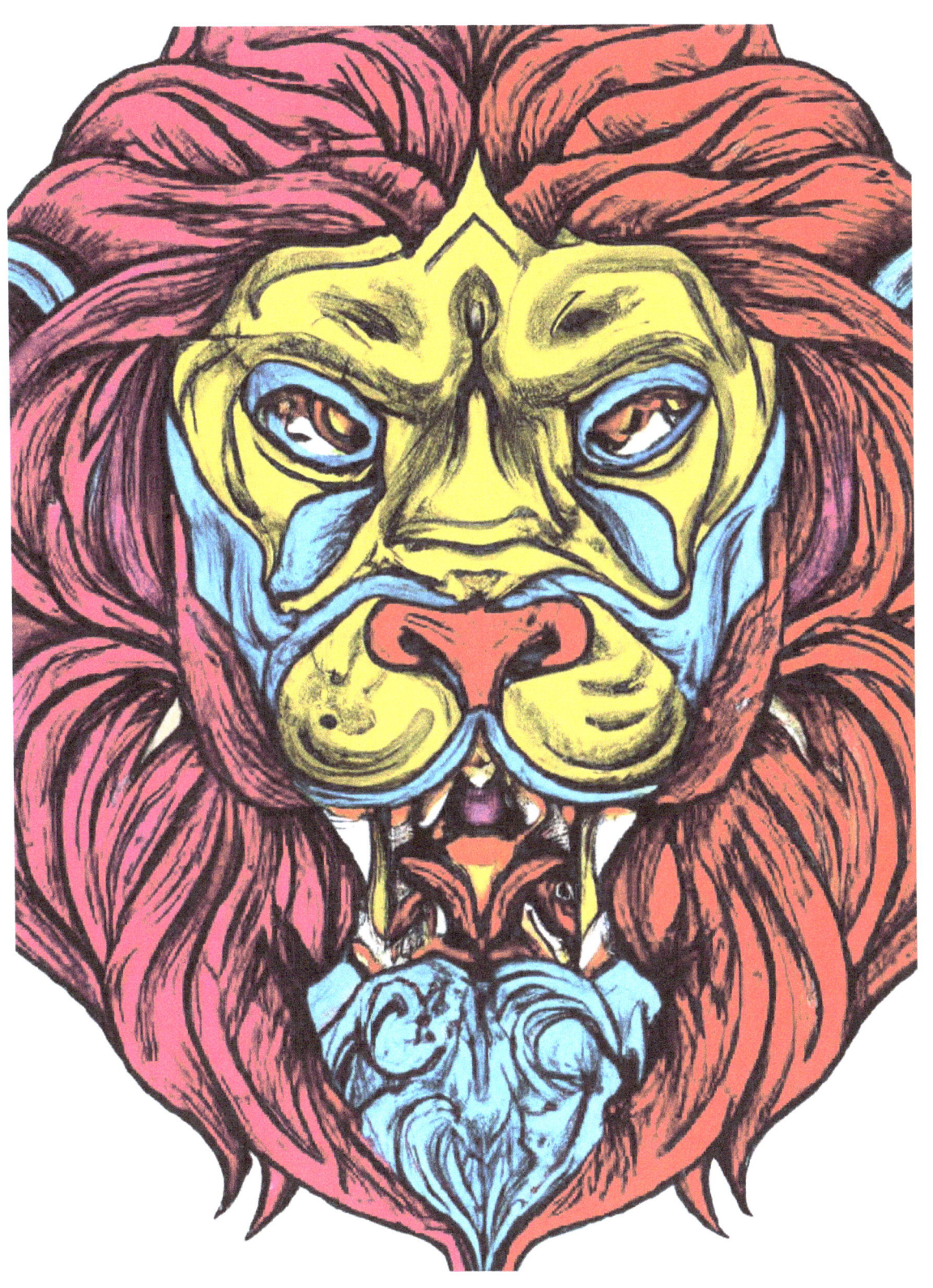

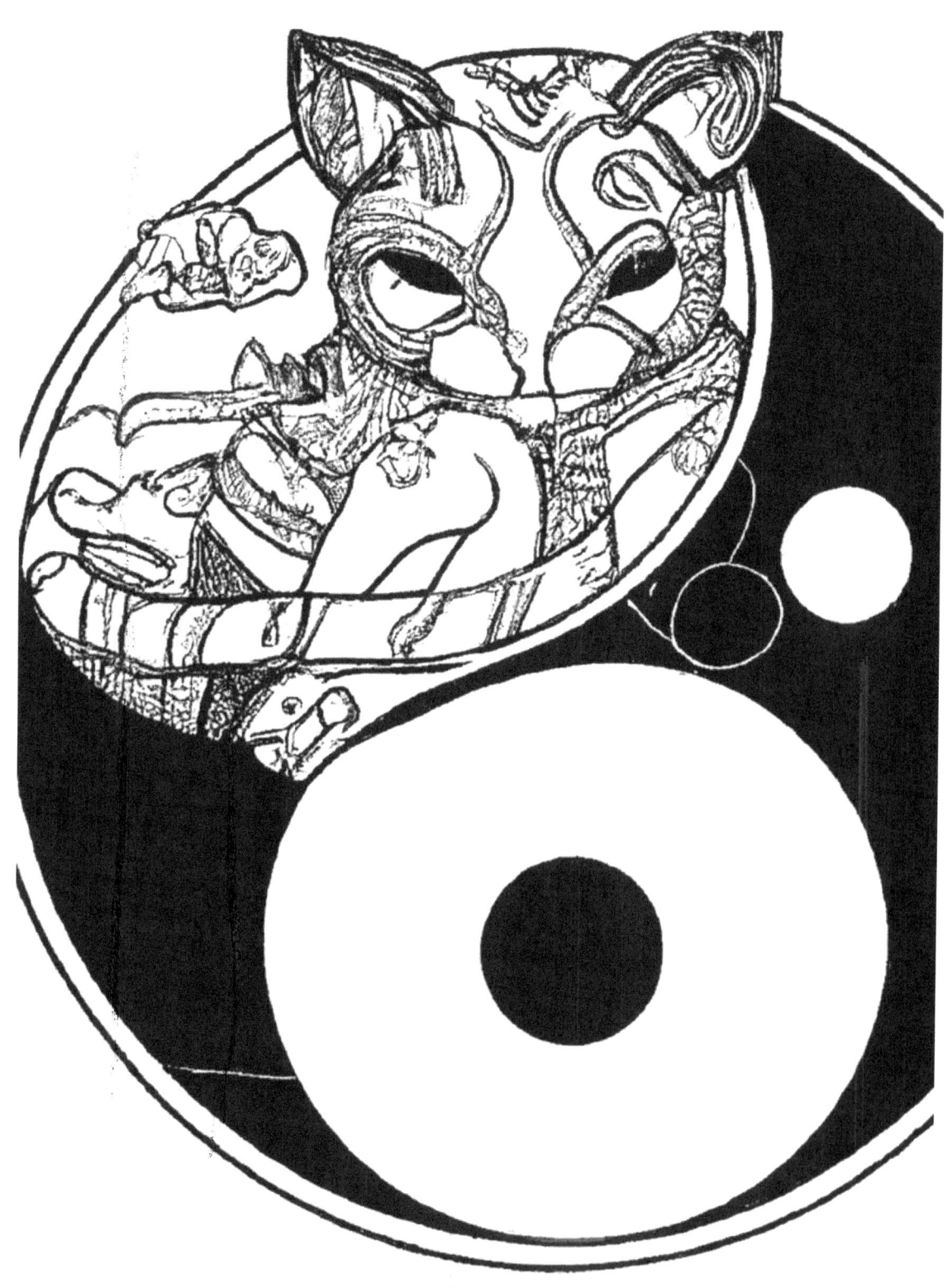

POR QUE TATUAGENS DE ANIMAIS?

As tatuagens de animais carregam significados simbólicos profundos que foram abraçados através de culturas e tempo. Aqui estão algumas explicações dos significados simbólicos comumente associados às tatuagens de animais:

Força e Poder:
Muitos animais são reverenciados por sua força e poder, tornando-os escolhas populares para tatuagens. Animais como leões, tigres, ursos e águias simbolizam coragem, liderança e dominação.

Sabedoria e Conhecimento:
Animais conhecidos por sua inteligência e sabedoria, como corujas e lobos, são frequentemente escolhidos para representar sabedoria, intuição e uma compreensão profunda do mundo.

Liberdade e Independência:
Animais associados à liberdade, como pássaros (especialmente águias), borboletas e cavalos, incorporam o desejo de libertação, aventura e a capacidade de se elevar acima dos desafios da vida.

Proteção e Orientação:
Certos animais são acreditados possuir qualidades protetoras e atuar como guias espirituais. Por exemplo, o lobo é visto como um guardião e simboliza lealdade, enquanto o elefante representa força, sorte e sabedoria.

Conexão com a Natureza:
Os animais muitas vezes servem como lembretes de nossa conexão com o mundo natural. Animais como golfinhos, tartarugas e lobos incorporam harmonia, resistência e nossos instintos primários, evocando um sentimento de unidade com a natureza.

Transformação e Renascimento:
Animais que passam por transformações físicas dramáticas, como borboletas, cobras e dragões, simbolizam crescimento pessoal, mudança e o ciclo de vida, morte e renascimento.

Espiritualidade e Sacralidade:
Certos animais possuem significado espiritual em várias culturas. Por exemplo, o gato é associado ao mistério, espiritualidade e misticismo, enquanto a cobra representa cura, transformação e conhecimento divino.

Equilíbrio e Harmonia:
Animais que incorporam equilíbrio e harmonia em sua natureza, como animais inspirados no símbolo yin-yang ou animais retratados em pares, representam unidade, dualidade e a interconexão dos opostos.

É importante notar que os significados simbólicos das tatuagens de animais podem variar entre culturas e interpretações individuais. O significado pessoal de uma tatuagem de animal está profundamente enraizado nas crenças, experiências e conexão pessoal do usuário com o animal escolhido.

Aqui estão os significados simbólicos associados a alguns dos animais mais frequentemente retratados em tatuagens:

Leão:
Conhecido como o rei do reino animal, os leões simbolizam força, coragem, liderança e realeza. Eles representam poder e confiança, muitas vezes usados para transmitir uma presença destemida e autoritária.

Águia:
Como uma ave majestosa, as águias

são símbolos de liberdade, visão e espiritualidade. Eles estão associados ao poder, visão aguçada e uma conexão com o divino. Tatuagens de águia são muitas vezes escolhidas para representar ambição, inspiração e um espírito elevado.

Lobo:
Os lobos incorporam lealdade, família e independência. Eles são conhecidos por sua mentalidade de matilha e natureza cooperativa. As tatuagens de lobo podem representar a proteção, a lealdade aos entes queridos, a intuição e uma conexão com o selvagem.

Coruja:
As corujas são frequentemente associadas à sabedoria, ao conhecimento e à intuição. Com a capacidade de ver no escuro, elas simbolizam a capacidade de navegar pelos desafios e encontrar verdades ocultas. As tatuagens de coruja são escolhidas para representar sabedoria, intelecto e uma compreensão profunda dos mistérios da vida.

Dragão:
Os dragões são criaturas mitológicas que simbolizam força, poder e transformação. Eles são frequentemente associados à boa fortuna, proteção e ao equilíbrio entre forças opostas. As tatuagens de dragão são usadas para representar resiliência, força interior e o potencial para crescimento pessoal.

Borboleta:
As borboletas simbolizam transformação, renascimento e a beleza da mudança. Elas são frequentemente escolhidas para representar o crescimento pessoal, a liberdade e a natureza transitória da vida. As tatuagens de borboleta também podem simbolizar feminilidade, graça e a natureza delicada da existência.

Cobra:
As cobras são ricas em simbolismo e frequentemente representam cura, transformação e sabedoria. Elas trocam de pele, significando crescimento pessoal, rejuvenescimento e os ciclos da vida. As tatuagens de cobra também podem transmitir proteção, energia primal e uma conexão com o reino espiritual.

Golfinho:

Os golfinhos estão associados à inteligência, à brincadeira e à harmonia. Eles representam alegria, comunicação e uma profunda conexão com o oceano e seus mistérios. As tatuagens de golfinho muitas vezes simbolizam um espírito despreocupado, cura emocional e um amor pela natureza.

Essas interpretações não são exaustivas e as crenças culturais ou pessoais podem influenciar o simbolismo associado a esses animais. É importante lembrar que o significado de uma tatuagem de animal pode ser profundamente pessoal e pode variar de pessoa para pessoa.

Sobre o autor

Massimo da Drozini é um talentoso designer gráfico que nasceu em Florença, Itália, em 1985. Desde jovem, ele demonstrou grande interesse em arte e design, e seguiu sua paixão estudando design gráfico na Academia de Belas Artes de Florença.

Após se formar com honras, Massimo iniciou sua carreira como designer júnior em uma pequena agência de design em Florença, onde adquiriu valiosa experiência trabalhando em projetos de branding e embalagens para empresas locais. Ele rapidamente se estabeleceu como um designer criativo e confiável, e seu talento não passou despercebido.

Em 2010, Massimo foi recrutado por uma importante agência de design em San Francisco, EUA, e ele agarrou a oportunidade de se mudar para a América e trabalhar em uma agência maior. Nos anos seguintes, Massimo aprimorou suas habilidades e trabalhou em projetos de alto perfil para grandes marcas, incluindo Apple, Google e Nike.

Em 2016, Massimo decidiu seguir seu próprio caminho e fundar seu próprio estúdio de design em San Francisco. Ele rapidamente ganhou reputação por sua estética limpa e minimalista, e atraiu uma gama diversa de clientes, desde startups de tecnologia até marcas de moda.

O trabalho de Massimo já foi apresentado em várias publicações de design, e ele ganhou vários prêmios por seus projetos de branding e embalagens. Ele é conhecido por sua atenção aos detalhes, sua habilidade em comunicar ideias complexas através de design simples, e seu compromisso em entregar trabalhos excepcionais para seus clientes.

Massimo da Drozini

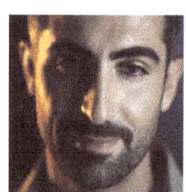